学校図書館サービス論

小川三和子

青弓社

学校図書館サービス論　　目次

はじめに 13

第1章　学校教育と学校図書館　15

1　世の中の変化　15
2　学校制度の変化　16
3　米国教育使節団の来日　16
4　学校図書館の手引　18
5　学校教育のなかの学校図書館　20

第2章　学校図書館サービスの考え方と構造　22

1　学校図書館の目的と機能　22
　1－1　学校図書館メディア　23
　1－2　利用者　27
　1－3　学校図書館の目的　27
　1－4　学校図書館の機能　29
2　学校図書館サービスの対象　30

3　学校図書館サービス　31

第3章　学校図書館の環境整備　34

1　図書の分類・排列・排架　34

1-1　**日本十進分類法（NDC）の採用**　34

1-2　**分類作業**　35

1-3　**主題で分類**　36

1-4　**別置とコーナー**　38

1-5　**学年文庫・学級文庫**　40

1-6　**伝記の扱い**　40

2　案内表示　41

2-1　**学校図書館に誘う入り口の表示**　41

2-2　**案内表示**　43

3　図書以外の学校図書館メディア　43

3-1　**継続資料・逐次刊行物**　43

3-2　**ファイル資料**　45

3-3　**紙芝居**　46

3-4　**コンピューターの設置・タブレット**　47

3-5　**博物資料・模型、児童や生徒の作品など**　47

3-6　**学校図書館外の情報源**　48

4　展示・掲示　48

5　修理・製本　49

第4章　学校図書館の運営　53

1　年間経営計画・運営計画　53

- **1－1**　学校長・司書教諭・学校司書の役割　54
- **1－2**　教育計画に学校図書館経営・運営計画を入れる　54
- **1－3**　学校図書館年間計画の事例　55

2　資料の収集と更新　67

- **2－1**　図書資料の収集　67
- **2－2**　図書資料の更新　68
- **2－3**　図書以外の資料収集　69

3　記録・統計　70

4　会計・文書管理　70

第5章　学校図書館利用の ガイダンス　72

1　教員へのガイダンス　72

2　児童・生徒へのガイダンス　73

3　入門期の指導 75

第6章　資料・情報の提供　　76

1　利用案内 76

2　閲覧 77

3　貸出 80

4　予約 82

5　資料紹介・案内 83

第7章　児童・生徒への読書支援　　84

1　読書とは 84

2　「第3次子どもの読書活動の推進に関する基本的な計画」 85

3　本との出合いを作る 86

3－1　本と出合える学校図書館 86

3－2　校舎内で本と出合う 87

3－3　教室で本と出合う 88

4 読み聞かせ、ブックトーク、ストーリーテリング 89

4-1 読み聞かせ 90

4-2 ブックトーク 90

4-3 ストーリーテリング 92

5 さまざまな読書活動 92

5-1 ビブリオバトル 93

5-2 本の福袋 93

5-3 パネルシアター、エプロンシアター 93

5-4 読書マラソン 94

5-5 読書ビンゴ 94

5-6 ブックメニュー 94

6 課題図書・推薦図書 95

7 レファレンス 96

第8章　**各教科などの学習への支援** 98

---

1 学習指導要領と学校図書館 98

1-1 OECDによる生徒の学習到達度調査（PISA） 98

1-2 2008年版学習指導要領と学校図書館 99

1-3 新学習指導要領と学校図書館 101

2 国語科と学校図書館活用、読書指導 103

2-1	学習指導要領国語での読書の扱い 103
2-2	新学習指導要領での学校図書館活用と読書 103
2-3	各教科などでの学校図書館活用・読書指導 106

3　学校司書や司書教諭の授業支援 108

4　特別活動での学校図書館活用 109

| 4-1 | 学級活動と学校図書館活用・読書指導 109 |
| 4-2 | 児童・生徒図書委員会の活動 110 |

第9章　探究的な学習への支援　　113

1　探究的な学習のプロセス 113

2　テーマの決め方 116

3　情報の探し方 118

3-1	学校図書館で調べる 118
3-2	広く情報を探す 121
3-3	レファレンスブック（参考図書）の利用指導 122
3-4	新聞の利用 124
3-5	ファイル資料の利用 125
3-6	レファレンス 126

4　情報の記録と保存 127

5　情報のまとめ方と発表の仕方 128

第10章 特別の支援を要する児童・生徒と学校図書館

1 特別支援学校の学校図書館 131

  1−1 特別支援学校の学校図書館 131

  1−2 特別支援学校での学校図書館の現状 135

2 「障害を理由とする差別の解消の推進に関する法律」 136

3 学校図書館でできること 137

  3−1 施設・設備のバリアを取り除く 137

  3−2 補助具や機器を用意する 138

  3−3 市販のバリアフリー資料を収集する 138

  3−4 LLブックとマルチメディアデイジー 139

4 学校図書館での「合理的配慮」 140

5 特別支援学校や特別支援学級での読み聞かせ 141

6 特別支援学校や特別支援学級での探究的な学習 142

7 日本語を母語としない児童・生徒や帰国児童・生徒への支援 143

8 個に応じた読書の指導 144

第11章　教職員への支援

1　教職員への支援　147

2　授業への支援　148

　2−1　授業前　148

　2−2　授業中　149

　2−3　授業後　150

3　読書の指導への支援　150

4　学校図書館での学び方指導への支援　150

5　校内研究・研修・自己研鑽への支援　151

第12章　広報・渉外活動

1　学校図書館の広報　152

2　「学校図書館だより」　153

3　ウェブサイトの活用　154

4　広報と著作権、個人情報　155

第13章 公共図書館と学校図書館の
連携・ネットワーク

1 公共図書館と学校図書館の連携 162
2 ネットワーク 163

装丁──神田昇和

はじめに

　2014年、学校図書館法で学校司書を置くように努めなければならないことが規定されました。それによって、たとえ努力義務であっても、各学校への学校司書の配置は進んでいます。業務委託の場合は、学校の職員としての待遇ではありませんが、同様の仕事が任されています。

　現在、学校司書や業務委託による学校司書の仕事をするうえでの資格要件はありませんが、司書資格者または司書教諭講習修了者を採用条件にしている自治体や企業が多くあります。

　文部科学省は、2016年に「学校図書館ガイドライン」とともに、「学校司書のモデルカリキュラム」を定めました。このカリキュラムは、その多くを司書科目や司書教諭科目・教職科目に置き換えることが可能です。しかし、「学校図書館サービス論」は、どの科目にも置き換えることができません。つまり、「学校図書館サービス論」を学ぶツールが現在ほとんど存在していないのです。そこで、「学校司書のモデルカリキュラム」に示されている「学校図書館サービス論」を学ぶツールとして、「学校図書館での児童・生徒と教職員へのサービスの考え方や各種サービス活動についての理解を図る」ことを目的として本書をしるしました。

　公共図書館での勤務を希望している人にとっては、学校図書館サービスを理解することは、学校図書館支援を考えるうえで参考になることと思います。

　私は、小学校で学校図書館担当の教員・司書教諭として38年間、自治体の学校図書館アドバイザーとして5年間、学校図書館に携わってきました。「机上の論」ではなく、学校図書館に携わる者の先輩として、大学の授業で講義をするように、本書で学ぶみなさん一人ひとりに語りかけるような気持ちで書きました。

　公の文書は、多くがインターネット上に公開されています。引用や紹介をしたサイトは、2017年4月から8月までに検索したもので、その後18年2月26日にすべて再検索しました。

はじめに ───── 13

また、学校教育は、学習指導要領に準拠しておこなわれ、ほぼ10年ごとに改訂されています。新学習指導要領が、小・中学校は2017年3月、高等学校は18年3月に告示されました。そして小学校では20年4月から、中学校では21年4月から、高等学校では22年4月から全面実施され、それまでは移行措置期間になります。新学習指導要領は、現行学習指導要領の理念が引き継がれ、さらに発展したものになっています。本書では、現行学習指導要領での学校図書館を理解したうえで新学習指導要領における学校図書館が理解できるように構成しました。

　本書がこれからの学校図書館を担う方々にとって役に立てば幸いです。

　最後に、本書の必要性を共有して、急なお願いであるにもかかわらず出版を快諾して後押しをしてくださった青弓社の矢野恵二氏に心からのお礼を申し上げます。

2018年2月

第1章　学校教育と学校図書館

　本章では、学校図書館サービスを考えるために必要な戦後から現在までの教育と学校図書館の変遷を概観します。戦後教育の流れと学校図書館の歴史をつかみ、そのうえで現在の学校図書館のあり方を考察しましょう。

1　世の中の変化

　この国の近現代史のなかで、誰もが知っている大きな変化の一つに明治維新があります。国を開き、西洋文明を一気に取り入れ、それまでの「ちょんまげ頭」は短髪になり、洋服を着て靴を履くようになるなど、人々の生活は一変しました。明治政府は廃藩置県や富国強兵、また殖産興業、地租改正などさまざまな施策を実行し、1889年（明治22年）には大日本帝国憲法が発布されました。徳川幕府を頂点とする武士の社会から、天皇を元首とした中央集権国家になりました。

　ではその後、明治維新と同じぐらい大きく社会が変化したのはいつでしょうか。それは1945年（昭和20年）です。日本は、8月14日にポツダム宣言を受諾し、翌15日にはこのことを伝える玉音放送が流されました。その後、9月2日に降伏文書に署名します。

　アメリカ軍のダグラス・マッカーサーを最高司令官とする連合国軍総司令部（GHQ）の指導によって、日本は民主主義の国として再出発します。資料によれば、「連合国の中心であったアメリカは、すでに1942年から対日占

第1章　学校教育と学校図書館———15

領政策の検討を重ね、1944年7月には『日本・軍政下の教育制度』を策定していた」とあります。占領軍司令部からは、10月22日の「日本教育制度ニ関スル管理政策」を端緒として次々と指令が出され、「軍事教育の学科・教練の廃止、使用中の教科書・教材の再検討と軍国主義・超国家主義的な箇所の削除」「修身・日本歴史及び地理停止」などがおこなわれました[1]。子どもたちは、使用していた教科書の軍国主義・超国家主義的な箇所を墨で塗りつぶして使ったといいます。

　大日本帝国憲法にかわって、1946年（昭和21年）11月3日に国民主権、基本的人権の尊重、平和主義の三原則を掲げた日本国憲法が公布され、翌年5月3日から施行されました。

2　学校制度の変化

　江戸時代には、一部の子どもが寺子屋や藩校などで学んでいただけで、大人になっても文字の読み書きや計算ができない人がたくさんいました。

　1872年（明治5年）、明治政府によって学制が公布され、6歳以上の男女はすべて小学校に通うように定められ、90年には教育勅語が発布されました。

　1947年（昭和22年）3月31日、民主主義教育の基本を示した教育基本法と学校教育法が公布され、教育勅語の失効が48年6月19日の国会で確認されました。小学校6年、中学校3年、高等学校3年、大学4年の6・3・3・4制の学校制度で小学校・中学校の9年間が義務教育となり、男女共学が進みました。また、学習指導要領（試案）一般編、続いて各教科編が出され、社会科・家庭科という新しい教科と自由研究が設けられました。

3　米国教育使節団の来日

　連合国軍総司令部の要請に応えて、アメリカ国務省は1946年（昭和21年）3月、日本の戦後教育制度について助言するために教育使節団を派遣し、

「米国教育使節団報告書（第1次⁽²⁾）」を作成しました。

　この報告書は、「第1章　日本の教育の目的及び内容」の「結論」の部分で、「新計画全般にわたって、自学自修のための図書館その他の機関が、重要な役割を演ずべきである。実際、教科書や口授教材の暗記を強調しすぎる悪風をのぞく最良法の一つは、種々異なった諸観点を表す書籍や論文に、学生を接触させることである」と図書館の必要性を述べています。

　また「第4章　教授法と教師養成教育」の「優れた授業の特徴」では、「一般に言って望ましい教育は、人員の少ない学級、設備の整った実験室、図書室、体操場、運動場及び特別教室などの助けを借りた場合、順調に運ばれるであろう。ラジオ、蓄音機、映写機などはしばしば有用である」「生産の学習を豊かにするために、学校の外部の多くの施設を利用するであろう。農場、工場、事務所、図書館、博物館及び病院等は教育上の好機会を供給する」と学校内外の図書館の利用も促しています。

　さらに、「第2次訪日アメリカ教育使節団報告書」（1950年9月22日）では、「教材センター」という項を起こし、「教材センターとしての学校図書館は、生徒を援助し指導する司書をおいて、学校の心臓部となるべきである」と結んでいます。

　米国教育使節団は、「この報告が征服者による命令と受け取られることに非常に気をつか⁽³⁾」いました。そのため来日に先立ち、連合国軍総司令部が日本側に受け入れ準備を指示⁽⁴⁾、南原繁東京大学総長はじめとする29人の委員会ができました。南原氏らは、「他人任せだけにしてはおけない」と建議書を作成、アメリカの使節団と日本の政府に提出しました⁽⁵⁾。

　文部省は、早くも1945年9月15日に「新日本建設ノ教育方針⁽⁶⁾」を出し、46年5月15日、6月30日、11月15日、47年2月15日に4冊からなる⁽⁷⁾「新教育指針」を作成し、全国の学校に配布しました⁽⁸⁾。

　1950年8月には、文部省は第2次訪日米国教育使節団に報告書『日本における教育改革の進展』を提出します。

　そこでは、「第1章　新教育の目的および内容」に「10　学校図書館および放送・映画等の利用」の項を起こしています⁽⁹⁾。

　また「3　教授法の刷新」で「（ウ）学習活動の種類が豊富になった。とく

に戦前と著しく変った学習活動の種類としては、ディスカッション、グループ学習がある。そのほか、学校図書館の利用も盛んになり、また、戦前にはごく一部の教師だけしか関心をもっていなかった視覚、聴覚教材の利用が、一般の学校でおこなわれるようになった」と学校図書館を取り上げ、「教科書中心の古い学校教育の中では、学校図書館は、単に課外読み物の提供場所にすぎなかったが、より広範な図書資料の活用を必要とする新しい教育にあたっては、学校図書館こそは、カリキュラムを豊かにする中心機関である」として、学校図書館の役割は課外読書の推進ではなく、学校図書館を利用しての学習だと述べています。

4　学校図書館の手引

　戦後の民主主義教育にとって大きな柱となったのが、学校図書館の建設でした。

　終戦直後から1961年（昭和36年）まで、文部省で学校図書館行政に携わった深川恒喜の回顧によると、47年の初め頃、当時の文部省の役人数人が総司令部に呼ばれ、そこで図書館のことが話題になり、その数週間後に文部省の課長から、「こんど総司令部から、文部省で学校図書館の手引をつくるようにと示唆があって、これに着手することになったので、君がこれをやってくれ」という話があったそうです。

　この『学校図書館の手引』作成の助言のために来日したのがアメリカの学校図書館専門家メイ・グラハム（Mae Graham）でした。彼女がお茶の水女子大学で講演し、「もし、わたしがステッキをもっていたら、日本の学校図書館で本がかぎのかかったガラス戸の中にとじこめられているのを、うちやぶってしまうだろう」というのを聞いて、深川はその言葉に感銘を受けたそうです。児童・生徒の登校時から下校時まで利用でき、教員の放課後の教材研究にも利用できるよう鍵をかけない学校図書館にしようという精神は、このときから生き続けているのです。

　深川は、『学校図書館の手引』作成を機に学校図書館の研究を深めていき、

文部省の学校図書館担当というばかりでなく、教育課程に寄与する学校図書館を推進した一人として重要な役割を果たしました。

深川恒喜とともに『学校図書館の手引』を作成した人物は、ほかに阪本一郎、滑川道夫などがいます。

阪本一郎は読書心理学が専門で、日本読書学会設立のメンバーの一人です。「『読書人格』の形成」を唱え、読書によって包括的な生活指導を果たそうとし、「漫画を読むことも、辞書をひくことも、汽車の時刻表をみることも、みなりっぱな読書であり、このような生活活動の全面を組織的に指導するのでなければ、りっぱな人格は形成されない[14]」という考え方に立ちました。この考え方もいまに生きていると言えます。

また、1948年の秋から、IFEL（教育指導者長期講習会）の日本側講師になり、読書指導の部分を担当しました[15]。『読書指導——原理と方法』（牧書店、1950年）、『読書指導の手引』（牧書店、1955年）など多くの著書で阪本が記した「読書能力の発達」と「読書興味の発達」は、子どもの読書を研究する者が長年参考にしてきました[16]。

次に、滑川道夫ですが、彼が勤務していた東京の成蹊小学校では、戦前から、午前中は教科学習、午後は見学・作業・読書を中心とした教科外学習を基本とし、「教科書だけの読解では、真の読む力とならない[17]」として児童の読書活動を重視していました。

滑川は「学校図書館カリキュラムの本を2冊渡され、辞書をひきひき読んだ[18]」と、深川は「特に、"Douglas、Mary D. The Teacher-Librarian's Handbook"（後に牧書店より訳書刊行）、"North Carolina School Library Handbook"（後に牧書店より訳書刊行）、"School Librarians for Today and Tomorrow"はバイブルのようなものであった[19]」と回顧しています。

日本で初となる学校図書館の手引書である『学校図書館の手引』は1947年に発行され、その伝達講習会が千葉県鴨川市と奈良県天理市でおこなわれました。関東と関西に分けておこなわれたこの講習会に参加した人々によって、全国に学校図書館が建設されていきました。

現在、『学校図書館の手引』は、国立国会図書館デジタルコレクションで読むことができます[20]。

第1章　学校教育と学校図書館————19

5 学校教育のなかの学校図書館

　戦後いち早く学校図書館の建設にとりかかった小学校に、東京の港区立氷川小学校があります。校長の久米井束は、戦前から文学教育に熱心であり、戦後の荒廃からの復興の目玉に学校図書館を選んだそうです。久米井校長と司書教諭の増村王子を中心に、同校は、1953・54年（昭和28・29年）度文部省の学校図書館実験校を引き受け、57年には『小学校における学習指導と図書館活動』（氷川小学校編、東洋館出版社）を出版しました。のちに同校は全国学校図書館協議会発足の会場となり、その初代会長に久米井校長が就任し、事務局を氷川小学校に置きました。

　1947年（昭和22年）、学校教育法の施行とともに学校教育法施行規則が出され、その第1条には、「学校には、その学校の目的を実現するために必要な校地、校舎、校具、運動場、図書館又は図書室、保健室その他の設備を設けなければならない」とあります。学校の目的を実現するための設備に、校地や校舎と並列で図書館または図書室をあげています。理科室や音楽室などは校舎に含まれているのに、図書館や図書室が独立して記されていることは注目に値します。

　1953年（昭和28年）には学校図書館法が成立しました。全国学校図書館協議会のはたらきかけと、超党派の議員たちによる議員立法でした。本法では第5条に「司書教諭を置かなければならない」としながら、附則に「当分の間（略）司書教諭を置かないことができる」と記されたため、「当分の間」が1997年の学校図書館法一部改定後の2003年まで続きました。14年には、第6条に学校司書配置の努力義務の文言が入れられました。

　しかしながら、いまだに12学級未満の学校には司書教諭の設置義務はなく、学校司書も努力義務にとどまっています。学校司書の業務を民間会社に委託している自治体もあります。

　学校司書は、学校の職員として、教員と連携して教育活動に携わる常勤の安定した職業であることが望まれます。

注

(1) 塩見昇『日本学校図書館史』（芦谷清ほか編「図書館学大系」第5巻）、全国学校図書館協議会、1986年

(2) 同書146ページ

(3) 同書147ページ

(4) 伊ケ崎暁生／吉原公一郎『米国教育使節団報告書』（「戦後教育の原典」第2巻）、現代史出版会、1975年、152ページ

(5) 同書39—40ページ

(6) 伊ケ崎暁生／吉原公一郎『新教育指針』（「戦後教育の原典」第1巻）、現代史出版会、1975年、30—31ページ

(7) 同書10ページ

(8) 前掲『日本学校図書館史』148ページ

(9) 文部省「日本における教育改革の進展（全文、1950年8月）」、前掲『米国教育使節団報告書』所収、174ページ

(10) 同書167ページ

(11) 同書174ページ

(12) 深川恒喜「回顧・日本の学校図書館1「学校図書館の手引き」編集の前後」「学校図書館」1968年4月号、全国学校図書館協議会、49—52ページ

(13) 同論文

(14) 阪本一郎「「読書人格」の形成」「学校図書館」1951年11月号、全国学校図書館協議会、10ページ

(15) 同論文

(16) 小川三和子『読書の指導と学校図書館』（大串夏身監修、「学校図書館学」第2巻）、青弓社、2015年、44—47ページ参照

(17) 滑川道夫「成蹊小学校の読書指導と図書館経営」「学校図書館」1979年3月号、全国学校図書館協議会、49ページ

(18) 同論文52ページ

(19) 前掲「回顧・日本の学校図書館」51、52ページを筆者が要約。

(20) 国立国会図書館デジタルコレクション「学校図書館の手引」（http://dl.ndl.go.jp/info:ndljp/pid/1122721）［2018年2月26日アクセス］

(21) 学校教育法施行規則1947年5月23日文部省令第11号第1条（学校の施設設備と位置）

第2章　学校図書館サービスの考え方と構造

　学校図書館は学校の教育施設であり、指導機関でもあります。利用者を増やし、利用者のニーズに応えて資料や情報を提供するだけでなく、「欠くことのできない基礎的な設備」として、全教員が学校教育に活用するべき教育施設です。本章では、学校図書館メディア、学校図書館の目的と機能などを学校図書館法第2条（定義）に沿って、取り上げます。

1　学校図書館の目的と機能

　学校図書館を運営するうえで、常に念頭に置いておきたいのが、学校図書館の2つの目的と3つの機能です。学校図書館の目的は、学校図書館法第2条（定義）に以下のように記されています。

（定義）
第2条　この法律において「学校図書館」とは、小学校（盲学校、聾学校及び養護学校の小学部を含む。）、中学校（中等教育学校の前期課程並びに盲学校、聾学校及び養護学校の中学部を含む。）及び高等学校（中等教育学校の後期課程並びに盲学校、聾学校及び養護学校の高等部を含む。）（以下「学校」という。）において、図書、視覚聴覚教育の資料その他学校教育に必要な資料（以下「図書館資料」という。）を収集し、整理し、及び保存し、これを児童又は生徒及び教員の利用に供することによつて、学校の教育

課程の展開に寄与するとともに、児童又は生徒の健全な教養を育成することを目的として設けられる学校の設備をいう。

前半は、学校図書館法が対象としている学校を規定しています。

後半は、学校図書館資料、学校図書館の利用者、学校図書館の目的を規定している重要な部分です。

1-1　学校図書館メディア

学校図書館法で、学校図書館資料とは、本だけではなく「図書、視覚聴覚教育の資料その他学校教育に必要な資料」すべてを指しています。「学校図書館＝本」と思ってしまうと学校図書館の整備が不十分になり、その目的も十分に達成することができません。

学校図書館は、その学校図書館資料を「収集・整理・保存・提供」します。「収集→整理（組織化）→保存（保管）→提供」は、図書館業務の基本的な流れです。

さて、学校図書館法では資料という言葉を使っていますが、現在ではメディアという言葉が使われています。『学校図書館メディアの構成』では、資料は本やCDなど「情報を具現化した実体物(1)」と説明しています。コンピューターが登場し、インターネットでさまざまな情報が手軽に入手できる以前、学校図書館は、本や印刷された資料、レコード・カセットテープ・CD・ビデオテープなどの音や映像を記録した手に取れる「資料」を収集・整理・保存し、利用者に提供していました。しかし現在は、コンピューターやタブレットなどから得られる手で触ることができない情報も、重要な学習材になっています。

『図書館情報学用語辞典 第4版』では、図書館資料を「図書館が扱う主たる対象は、印刷・製本技術を始めとして、写真技術、視聴覚資料作製技術などを利用して大量に複製され頒布される記録物である」とし、メディアとは「(1) 情報メディアのこと (2) 記録媒体のこと (3) マスコミのこと」、また情報メディアとは「人間の情報伝達、コミュニケーションを媒介するもの」と記しています。司書教諭講習でも、1999年度からの科目に「学校図書館

第2章　学校図書館サービスの考え方と構造————23

メディアの構成」「情報メディアの活用」が設置されました。

　形ある資料も手で触れることができない情報も、すべて学校図書館メディアと言えます。

　具体的には、どのような学校図書館メディアがあるのでしょうか。

　図書館の目録を作成するための『日本目録規則 1987年版 改訂3版』（日本図書館協会目録委員会編、日本図書館協会、2006年）は、「図書・書写資料・地図資料・楽譜・録音資料・映像資料・静止画資料・電子資料・博物資料・点字資料・マイクロ資料・継続資料」のそれぞれについて目録規則を記しています。

　学校図書館メディアについて、もう少し詳しく書き出してみましょう。

①印刷メディア
ⓐ図書

　学校図書館資料の中心となるものです。図書と本、書物、書籍、図書資料は、同義語です。学校図書館資料には、図書以外の資料も含まれます。

ⓑ継続資料・逐次刊行物

「逐次刊行物」とは、「完結を予定せず、同一のタイトルのもとに、一般に巻次、年月次を追って、個々の部分（巻号）が継続して刊行される資料」で、『日本目録規則 1987年版 改訂3版』から「更新資料」とあわせて、第13章が「継続資料」となりました。

　新聞・雑誌・年報・年鑑・団体の紀要・白書・統計・加除式資料などが挙げられます。

ⓒそのほかの資料

　ファイルして整備している資料は、「ファイル資料」と呼んでいます。ファイル資料には、絵はがき・地図・ポスター・楽譜・ちらし・リーフレット・パンフレット・自校資料などが挙げられます。

　パンフレットは、「ユネスコでは統計作業のため、"表紙を除き5ページ以上48ページ以下の印刷された非定期刊行物"と定義」、リーフレットは、

「印刷した1枚の紙を1回折って、2ページないし4ページの冊子体にした印刷資料」と、一般には区別しています。[注]

　ファイル資料にする地図は1枚もので、地図帳は図書として受け入れます。楽譜も、図書として出版されているものは図書として受け入れます。

②視聴覚資料・電子資料
ⓐ紙メディア

　以前、視聴覚室に紙芝居が置かれていて不思議に思ったことがありました。紙芝居・ポスター・写真などは、視聴覚メディアとして視聴覚室にあったのですが、これらも学校図書館メディアとして図書資料と同じ場所に整備したいものです。

ⓑパッケージ系メディア

　録音資料・映像資料など、ビデオ・CD・DVD・CD-ROM・ブルーレイなどは、それが視聴できる機器とともに学校図書館資料として整備します。パッケージ系メディアは、形態が時代とともに進化し、再生機器がないと再生できない点が課題です。すでに多くのビデオ資料が再生できない状態にあり、市販のビデオはDVDに変換することはできません。

　映像資料は、学校図書館資料としての保存・閲覧は可能ですが、「著作権補償金処理済み」のものや館外貸出をあらかじめ許諾している資料以外の貸出はできません。

ⓒネットワーク系メディア

　近年は、インターネットで情報を収集することも多くなりました。安易にインターネット情報を写すだけに終わらないように、情報モラルやインターネット情報を利用する際の留意点などをしっかり指導する必要があります。

　パソコン室・コンピューター室が学校図書館から離れた場所にある学校も少なくありません。情報活用能力をコンピューター学習に狭めたり、調べることをコンピューターだけでおこなったりしないように、学校図書館からのはたらきかけをしていきます。

第2章　学校図書館サービスの考え方と構造————25

写真1　自校資料や昔の道具などを展示している校内資料館

③そのほかの学校図書館メディア

　博物資料・模型、児童や生徒の作品なども、学校図書館資料として扱います。

　校内博物館や校内資料館がある学校は、学校図書館の一部として位置づけていると、各資料が一括管理でき円滑な運営につながります。

　児童・生徒の作品を掲示・展示したり、保存したりしている学校図書館は多いでしょう。卒業研究や自由研究、またはそのコピーを保存している学校図書館もあります。

④学校図書館外の情報源

　博物館・資料館・近隣の施設・地域の人材・企業・官公庁などについての情報も、学校図書館でリスト化しておくといいでしょう。教員や保護者など個人との関わりでゲストティーチャーを依頼しても、後に続かない事例があります。

　特に地域資料や自校資料は一括管理・保存することで、資料の円滑な利用に供することができます。

⑤公共図書館との連携

　学校図書館資料を充実させることで学校図書館を自立させ、そのうえで公

共図書館から資料を借り受けることによって、利用者が必要とする資料をきちんと届けることができます。学校司書や教員が車や自転車で資料を運んでいる地域もまだありますが、公共図書館の資料を提供・回収する流通の仕組みを作ることが必要です。

公立図書館からの団体貸出図書は、利用する学年にブックトラックなどで貸し出すこともありますが、学校図書館にコーナーを作ることもあります。

1-2　利用者

学校図書館の利用者は、「児童又は生徒及び教員⁽⁴⁾」です。では、教員以外の学校司書・栄養士・スクールカウンセラー・用務主事など、学校の仕事に従事する者や学校図書館ボランティアなどは利用できないのでしょうか。そんなことはありません。大いに利用してほしいものです。学校図書館法第4条2に「学校図書館は、その目的を達成するのに支障のない限度において、一般公衆に利用させることができる」という条項がありますから、教員以外の職員なども、保護者も、地域の人々も利用して何の問題もありません。

なお、学校図書館の一般公衆利用については、あくまでも「支障のない限度」でおこなうように、2013年5月30日付で文部科学省初等中等教育局児童生徒課が各都道府県教育委員会学校図書館担当課宛てに「学校図書館法の一般公衆利用に関する規定の趣旨について」という事務連絡を出しています。

1-3　学校図書館の目的

学校図書館の目的は、学校図書館法第2条に規定されています。「学校の教育課程の展開に寄与する」「児童又は生徒の健全な教養を育成する」の2つです。

第1章で述べたように、学校教育法施行規則第1条には、「学校には、その学校の目的を実現するために必要な校地、校舎、校具、運動場、図書館又は図書室、保健室その他の設備を設けなければならない」とあります。学校図書館法第1条には、学校図書館は「学校教育において、欠くことのできない基礎的な設備である」と記され、第3条は、「学校には、学校図書館を設けなければならない」と設置を義務づけています。

第2章　学校図書館サービスの考え方と構造――27

学校図書館は、学校のなかにある本を置いておくだけの部屋でも、休み時間や放課後など、空いている時間に利用するだけのものでもありません。「教育課程の展開に寄与する」とは、その学校の教育計画に従って学校教育をおこなうために学校図書館を活用することです。学校図書館資料を活用して児童・生徒が学習し、授業に活用することです。

　学校図書館資料費が増え、学校司書が配置され、休み時間や放課後の利用者が増加しても、それだけでは不十分です。児童・生徒の学習に役立っているかどうかが重要です。それには、教員が意図的・計画的に授業で学校図書館を活用する必要があります。学校長は、学校図書館活用を学校経営に位置づけ、司書教諭は学校図書館活用を推進し、学校司書は授業を支援して支える力となります。

　ところで、読書は、誰からも制約されない自由な活動だという考えから、学校で課題図書や推薦図書を決めたり読書の指導をしたりするのはいかがなものか、という声を聞いたことがあります。確かに、個人の読書は誰からも制約されることなく自由であるべきです。しかし、読書は、学校教育の内容の一つでもあります。学校教育法では、「5　読書に親しませ、生活に必要な国語を正しく理解し、使用する基礎的な能力を養うこと」（第21条義務教育）と、義務教育の目標の一つに読書を挙げています。小学校・中学校の学習指導要領の国語には、各発達段階での読書の指導内容を列記しています。学校教育では、各発達段階に応じた読書の指導をおこなうことが義務づけられているのです。「子どもの読書活動の推進に関する法律」（2001年12月）によって策定されている「第3次子どもの読書活動の推進に関する基本的な計画」（2013年5月）では、「多様な読書活動を各教科等の指導計画に位置づけることにより、国語科を中核としつつ、全ての教科等を通じて、児童生徒の発達の段階に応じた体系的な読書指導を推進する[5]」としています。このような意図的・計画的な読書の指導をおこない、「児童又は生徒の健全な教養を育成する」ことによって、個人の自由な読書生活はより充実していくと考えられます。大人もさまざまな情報を収集することで、個人の読書生活をより充実させているはずです。

1-4　学校図書館の機能

　2014年3月31日、文部科学省が「これからの学校図書館担当職員に求められる役割・職務及びその資質能力の向上方策等について」を発表し、「読書センター」「学習センター」「情報センター」の3つの機能を示しました。この報告では、「学校図書館に期待されている、児童生徒の想像力を培い、学習に対する興味・関心等を呼び起こし、豊かな心や人間性、教養、創造力等を育む自由な読書活動や読書指導の場である『読書センター』としての機能と、児童生徒の自発的・主体的な学習活動を支援したり、授業の内容を豊かにしてその理解を深めたりするとともに、児童生徒や教員の情報ニーズに対応したり、児童生徒の情報の収集・選択・活用能力を育成したりする『学習センター』及び『情報センター』としての機能を、学校図書館が最大限に発揮できるようにすることが重要である」と述べ、学校図書館担当職員（学校司書）に求める役割・職務について、上記の3つの機能に沿って列挙しています。学校司書による学校図書館サービスを考えるときの指針だと言えましょう。

【読書センターとして】
○学校図書館は、児童生徒が楽しんで自発的かつ自由に読書を行う場であることが求められている。このため、学校図書館担当職員は、学校図書館がくつろぎ、進んで読書を楽しむために児童生徒が訪れるような読書活動の拠点となる環境整備を行うことに加え、学校における読書活動の推進及び読む力の育成のための取組を、司書教諭と協力して行うことが求められる。

【学習センターとして】
○学校図書館は、学校における教育課程の展開に寄与することが求められている。このため、学校図書館担当職員は、当該学校における教育課程・内容を理解することに努め、授業のねらいに沿った資料を司書教諭や教員と相談して整備することや、日頃から教員と学校図書館の利活用に関する情報共有等を行い、積極的にコミュニケーションを取ることが

求められる。

○また、今後、学校図書館を学習センターとして機能させ、授業での活用を推進するためには、学校図書館担当職員の能力・経験や学校の実情に応じて、学校図書館担当職員がティーム・ティーチングの一員として、教員の主導で行う学校図書館を活用した授業において、児童生徒に指導的に関わりながら学習を支援することも求められる。

【情報センターとして】

○情報化社会と言われる近年、これからの未来を生きていく児童生徒の情報活用能力の育成が大きな教育的課題となっている。このような状況をふまえ、学校図書館担当職員は、図書館資料を活用して児童生徒や教員の情報ニーズに対応することや児童生徒に対する情報活用能力の育成を目的とした指導が円滑かつ効果的に行われるよう、必要な教材・機器や授業構成等について、教員と事前の打合せを行うことも求められる。

2　学校図書館サービスの対象

　地方公共団体が設置する図書館を公立図書館といい、日本赤十字社や一般社団法人、一般財団法人が設置する図書館を私立図書館といいます。図書館法が対象とするのはこれらの図書館で、「図書、記録その他必要な資料を収集し、整理し、保存して、一般公衆の利用に供し、その教養、調査研究、レクリエーション等に資することを目的とする施設」と定義します。公立図書館・私立図書館と学校図書館が大きく異なる点は、前者は利用者の要求があり、その求めに対して図書館員は間接的・直接的に利用者と資料をつなぐための業務をおこなうことです。公立図書館・私立図書館の利用は強制されるものではなく、より多くの利用者がよりよく利用できるように努めます。

　一方で学校図書館は、「読書センター」「学習センター」「情報センター」としての機能を発揮し、学校教育の目標を達成するために「学校の教育課程の展開に寄与するとともに、児童又は生徒の健全な教養を育成すること」を

成し遂げていかなければなりません。つまり、学校図書館は「学校教育において、欠くことのできない基礎的な」教育設備です。

　学校教育の目標は、すべての児童・生徒が対象です。ですから、学校図書館に学校司書がいて、より多くの児童または生徒、教員などが利用するようにはたらきかけたり、求めに応じて資料を提供するだけでは、不十分なのです。もちろん、より多くの利用促進のため、また、必要とする資料を的確に手渡すための業務は重要です。

　すべての学校で、当たり前のように、学校長が学校図書館を学校経営案に位置づけ、学校として学校図書館の諸計画をもち、すべての教員が各教科などで学校図書館を活用してほしいものです。また、司書教諭と学校司書、学校図書館主任や学校図書館部員など学校図書館に携わる者が中心となって、よりよい学校教育がおこなわれるように、全体で学校図書館を活用する学校になってほしいと思います。まだ十分に学校図書館を活用できていない学校では、そのために方策が必要になります。司書教諭は教員として、学校司書は専門職としての力を発揮して協働することが重要です。

3　学校図書館サービス

　図書館サービスとは、『図書館情報学用語辞典 第4版』によると、「図書館が対象者の情報ニーズに合わせて提供するサービス全体。図書館で行われる図書の利用と情報の伝達にかかわる幅広いサービスを含む概念[9]」とあります。さらに、「図書館サービスは、大きく分けて、司書の収集、組織化、保管といったテクニカルサービスと、図書館が利用者に対して直接かかわる利用者サービス（パブリックサービス）とに分けること[10]」ができます。

図書館業務
　（1）図書館業務の基本
　①収集　　選書・発注・納品・装備・受入
　②組織化　目録作成・配列

第2章　学校図書館サービスの考え方と構造————31

③保存　　配架・修理・製本・補強
④提供　　閲覧・貸出・レファレンス

（2）利用者と図書館メディアを繋ぐサービス
テクニカルサービス…①収集　②組織化　③保存
パブリックサービス…④提供

　学校図書館サービスは、学校図書館の3つの機能を生かし、学校教育のために2つの目的を常に念頭に置いて、これらの業務を具体化していきます。テクニカルサービスでは、学習内容に合わせた利用案内や展示・掲示が必要になります。パブリックサービスの面では、学校図書館からのさまざまなはたらきかけを含めた教育活動への支援が求められます。
　本書では、以下の文部科学省の「学校司書のモデルカリキュラムのねらいと内容」に対応して学校図書館サービスを考察していくことにしました。

（ねらい）
　学校図書館における児童生徒及び教職員へのサービスの考え方や各種サービス活動についての理解を図る。
（内容）
1）学校図書館サービスの考え方と構造
2）学校図書館の環境整備（利用案内、配架・案内表示、展示・掲示、修理・製本）
3）学校図書館の運営（年間運営計画、基準・マニュアル類、記録・統計、会計・文書管理）
4）学校図書館利用のガイダンス
5）資料・情報の提供（利用案内、貸出、予約サービス、資料紹介・案内、資料相談）
6）児童生徒への読書支援（図書館行事、図書リスト、読書推進活動、読書相談）

7）児童生徒への学習支援（教科等の指導に関する支援、特別活動の指導に関する支援、情報活用能力の育成に関する支援）

8）特別の支援を必要とする児童生徒に対する支援

9）教職員への支援（資料相談、情報提供、教材準備に関する支援、ティーム・ティーチング）

10）広報・渉外活動（学校図書館便り、HP の活用、学校行事等との連携）[11]

注

(1) 『学校図書館メディアの構成』（全国学校図書館協議会「シリーズ学校図書館学」編集委員会編「シリーズ学校図書館学」第2巻）、全国学校図書館協議会、2010年、11ページ

(2) 日本図書館情報学会用語辞典編集委員会編『図書館情報学用語辞典 第4版』丸善出版、2013年

(3) 同書

(4) 学校図書館法第2条

(5) 「第3次子どもの読書活動の推進に関する基本的な計画」2013年5月17日、20ページ（http://www.mext.go.jp/b_menu/houdou/25/05/__icsFiles/afieldfile/2013/05/17/1335078_01.pdf）［2018年2月26日アクセス］

(6) 学校図書館担当職員の役割及びその資質の向上に関する調査研究協力者会議「これからの学校図書館担当職員に求められる役割・職務及びその資質能力の向上方策等について（報告）」2014年、9ページ

(7) 図書館法第2条2

(8) 同法第2条

(9) 前掲『図書館情報学用語辞典 第4版』

(10) 同書

(11) 文部科学省「「学校司書のモデルカリキュラム」について（通知）」2016年11月29日（http://www.mext.go.jp/a_menu/shotou/dokusho/link/1380587.htm）［2018年2月26日アクセス］

第3章　学校図書館の環境整備

　本章では、学校図書館サービスのうち、テクニカルサービスにあたる学校図書館の環境整備を取り上げ、学校図書館ならではの環境整備について考察します。

　分類は、「日本十進分類法」を取り上げます。司書科目や司書教諭科目を修得した人にとっては既習事項ですが、その知識を学校図書館で活用できるように、学校図書館サービス論の観点から見直してください。

1　図書の分類・排列・排架

1-1　日本十進分類法（NDC）の採用

　日本十進分類法（NDC）は、アメリカのメルビル・デューイ（Melvil Dewey）、チャールズ・アミー・カッター（C.A.Cutter）、アメリカ議会図書館などの分類法をもとに、森清氏が勤務していた図書館用品専門店・間宮商店の業務参考用図書の整理のために作成し、1929年（昭和4年）に刊行されました。現在は、日本図書館協会の分類委員会が改訂を重ね、2014年12月に第10版が刊行されています。[1]

　日本十進分類法は、現在わが国の標準分類法として多くの図書館で採用されています。2016年に文部科学省が定めた「学校図書館ガイドライン」には、「学校は、図書館資料について、児童生徒及び教職員がこれを有効に利活用できるように原則として日本十進分類法（NDC）により整理し、開架

式により、配架するよう努めることが望ましい」とあります。非常に膨大な資料を収集している国立国会図書館は、独自の一館分類法である国立国会図書館分類表（NDLC）によって分類しています。

　小学校から日本十進分類法で分類された学校図書館を利用し、中学校、高等学校、大学でも、また公立図書館でも同じく分類されていることによって、発達段階に応じて図書の分類についてより詳しく学ぶことができます。そして、図書館を活用する力を生涯学習の観点からも身に付けることができます。

　日本十進分類法で分類・排架されている図書館は、初めて訪れた図書館でも、どこにどんな資料があるか見当をつけることができます。例えば、4類の書架の前に立ったとします。料理の本を探しているのなら右方向、伝記なら左方向になります。およその見当をつけて案内表示を見れば、求めている資料がある書架に容易にたどり着けます。

　2017年3月に告示された小学校学習指導要領の国語では、「本などの種類や配置、探し方について指導するなど、児童が必要な本などを選ぶことができるよう配慮すること[(2)]」とあります。各学校で、図書の分類と排架を学ぶ時間と内容を計画し、日常的に学校図書館や公立図書館を利用することによって、児童・生徒の図書館を活用する力が育成されると考えます。

1-2　分類作業

　図書を分類する作業を「分類作業」といいます。分類作業は、分類規定に従っておこないます。学校司書や司書教諭は、図書館の専門職として、日本十進分類法をしっかり理解する必要があります。学校司書は、文部科学省のモデルプランでは「情報資源組織論」「情報資源組織演習」、司書教諭講習では「学校図書館メディアの構成」でそれぞれ取得単位が定められています。

　1冊の図書を分類しようとするとき、その図書が複数の主題をもつせいで、迷うことがあります。

　図書をどの書架に排架するかを決定するための分類を「書架分類」といい、1冊の図書に1つの分類記号を与えます。しかし、例えば稲作のことも米の料理のことも載っている本を「稲作」の本として「616」に分類すると、米の料理が載っているにもかかわらず、料理の本の仲間から外されてしまいま

第3章　学校図書館の環境整備―――35

す。そこで、目録上は、料理の分類「596」も与えます。こうすれば、料理本の書架になくても、検索することでその本に導かれ、資料がきちんと有効に利用できます。このように1冊の本に複数の分類記号を与える分類を「書誌分類」といいます。

　対象の図書をどう読むかによっても付与する分類が異なります。例えば、公立図書館の蔵書検索で『ハンナのかばん──アウシュビッツからのメッセージ』（カレン・レビン、石岡史子訳、ポプラ社、2002年）は、「316」「936」「319」などで分類されています。一般に、ノンフィクションは、各分類に排架されますが、読み物として読ませたいという目的で事実物語「9□6」に分類している学校図書館もあります。『ハンナのかばん』もそのような理由で「936」に分類することがあります。本を受け入れるときに、書誌分類で登録し、利用者が求める資料にきちんとたどりつけるように、書架分類をどれにするか見極めることが必要です。

1-3　主題で分類

　日本十進分類法は、形式よりも主題を優先して分類しています。世の中のありとあらゆる知識・情報を1類から9類までの9つのグループに分け、そのどれにも当てはまらないもの、複数の主題にまたがっていてどの分類にも入れがたいものを0類としています。

　それぞれの類をさらに1から9までに分類し、そのどのグループにも属さないもの、または複数のグループにまたがり上位概念でしか分類できないものを0とします。これで、100分類になります。このことを第2次区分、または「綱」といいます。さらに、細かくそれぞれの綱を10に分類すると、1,000に分類されます。これを第3次区分、「目」といいます。図1は、小学校中学年向けに作成された日本十進分類法の仕組み[3]。

　第2次区分までの学校図書館や公立図書館の児童室（児童図書館）もありますが、小学校でも第3次区分にするほうが同じ主題の図書資料が集中して並ぶので、資料を見つけやすいです。

　同じ分類の本をさらに順序づけるためには、図書記号を用います。図書記号は通常は著者の名字から頭文字をとります。例えば、「913」日本文学が

0	総記（そうき）
1	哲学・宗教・道徳（てつがく・しゅうきょう・どうとく）
2	歴史・伝記・地理（れきし・でんき・ちり）
3	社会科学・福祉（しゃかいかがく・ふくし）
4	自然科学・医学（しぜんかがく・いがく）
5	工業・家庭科（こうぎょう・かていか）
6	産業・交通・通信（さんぎょう・こうつう・つうしん）
7	芸術・スポーツ（げいじゅつ）
8	言語（げんご）
9	文学（ぶんがく）

40	自然科学（しぜんかがく）
41	数学・算数（すうがく・さんすう）
42	物理学（ぶつりがく）
43	化学（かがく）
44	天文学・宇宙科学（てんもんがく・うちゅうかがく）
45	地球科学・地学（ちきゅうかがく・ちがく）
46	一般生物学（いっぱんせいぶつがく）
47	植物学（しょくぶつがく）
48	動物学（どうぶつがく）
49	医学・薬学（いがく・やくがく）

480	動物学（どうぶつがく）
481	一般動物学（いっぱんどうぶつがく）
482	動物誌（どうぶつし）
483	むせきつい動物（どうぶつ）
484	なんたい動物（どうぶつ）
485	せっそく動物（どうぶつ）
486	昆虫（こんちゅう）
487	せきつい動物（どうぶつ）
488	鳥類（ちょうるい）
489	ほ乳類（にゅうるい）

図1　日本十進分類法の仕組み

```
913  ←分類記号  9…日本文学
 え   ←図書記号  え…「え」から始まる人、例えば、江戸川乱歩
 3   ←巻冊記号  3…第3巻または第3冊目
```

図2　所在記号を記した背ラベル

順不同で排架されていたら求める本を探すことは困難でしょう。図書記号は、カタカナやひらがな、アルファベットで表します。アルファベットで表す場合、「K」ではなく「Ka,Ki,Ku,Ke,Ko」と表さないとカ行が混合してしまうので要注意です。

　セットやシリーズで排架したい図書資料は、セットやシリーズの頭文字を図書記号にすることもあります。その場合、巻冊記号も付与して、1巻から順に並べます。

　分類記号は数字ですが、1は「哲学・宗教」「日本」「詩」など、数字に意味をもたせてあるので、番号ではなく「分類記号」といいます。分類記号は、分類と同時に排列も表しています。

　閉架書庫では、必要な本を請求するために分類記号・図書記号・巻冊記号を書いたことからこれら3つをあわせて「請求記号」と呼んでいましたが、開架が主流となった現在では、「所在記号」ともいいます。

第3章　学校図書館の環境整備――――37

1-4　別置とコーナー

　絵本は、ほとんどすべての小学校で「E」のラベルが貼られ、絵本のコーナーができています。これを別置といいます。「E」は、easy book の「E」です。近年では、ehon の「E」とも解説されています。

　本来、絵本は、絵と文章とを一体のものとして1人の著者が制作していました。絵と文章の作者が異なる場合には、画家を優先することが一般的でした。しかし、幼児や児童が本を探す場合、書名で探すことが多く、書名順に排架している学校図書館や公立図書館も多くあります。いずれも、別置記号「E」だけでなく、図書記号を付与して図書記号順に排架し、自分で返却するときはラベルを見て返却するように指導することが大切です。

　分類記号は「E」のまま、「むかしばなし絵本」を集めて別置している学校図書館を見かけますが、民話・昔話を別置するなら、「388」民話伝説に分類する方法もあります。ラベルは、いわば本の住所ですから、ラベルを無視して別置すると利用者が困ることになります。

　日本十進分類法に示されている別置記号には、「R」参考図書、「L」大型本、「S」小型本などもあります。

　中学校や高等学校では、絵本は、「726」に分類している学校図書館もあります。絵本は、小さな子どもだけが見るものではなく、高学年にも中学生や高校生にも読んでほしい絵本がたくさん出版されています。読み聞かせにふさわしい絵本が学校図書館にあれば、保育の学習での選書に役立つでしょう。休み時間や放課後に絵本で癒やされるのもいいでしょう。中学校・高等学校で絵本を別置するのもいいアイデアです。

　東京都新宿区の多くの小学校では、絵本でも学習で調べるために利用する知識の本は、各分類に排架しています。絵本形式の詩の本も、「E」ではなく、詩として分類しています。学習のための資料として探しやすくするためです。宮沢賢治や芥川龍之介の作品は、絵本でも「913」日本文学に分類している小学校があります。

　中学校や高等学校では、修学旅行の資料や、キャリア教育との関連で職業関係の資料を別置している学校図書館をよく見かけます。

写真2　映画の原作の展示（中学校）

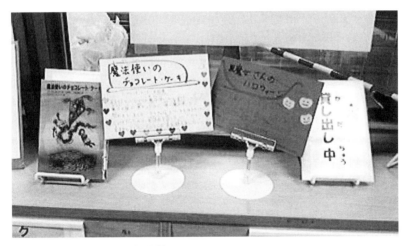

写真3　ポップを添えた展示（中学校）

　別置は、親切なようでも、あまり多いと学校図書館の利用に慣れている児童・生徒はラベルに着目しなくなり、反対に慣れていない児童・生徒にとっては、何がどこにあるのかわかりにくい学校図書館になってしまいます。「別置は、なるべく少なく効果的に」を合言葉に学校図書館を整備してくだ

さい。

　常時別置している図書資料とは別に、期間を限定して、季節や学校行事、また学習などとの関連図書を展示することもおこなわれています。図書委員や先生のお薦め本のコーナー、新着本のコーナーなどもよく見かける展示です。コーナー展示で本との出合いを演出すると、児童・生徒の読書の幅が広がります。いつも同じ展示ではなく、更新することによって目新しくなり、来館者の気を引く効果が生まれ、本との新たな出合いが生まれます。図書資料の展示をしたら、ポップや案内などの掲示もおこない、効果的なコーナーになるよう工夫しましょう。

1-5　学年文庫・学級文庫

　学校図書館資料を身近な場所に置いて、教科学習や読書に利用しやすいようにしようと、学校図書館の分館として学年分館や学級分館を作っている学校があります。資料費が潤沢で、副本で購入して同じ本が学校図書館にもある場合はいいかもしれませんが、資料があちこちに分散していると、必要な資料を1カ所で手に入れることができなくなってしまいます。学年分館・学級分館は、慎重に検討したほうがいいでしょう。

　一方、学年貸出・学級貸出をおこなっている学校図書館も多くあります。お薦めの本や教科学習で利用中の資料などは、学年や学級にあると便利です。同じ読み物が常に置いてある学級文庫は徐々に魅力を失っていきますが、新しい本が紹介されて入ってくれば、本との出合いの場ともなります。特に、小学校高学年以上からは、学校図書館の本を借りる時間がなかなかとれない場合が多いのが現状です。学年・学級貸出で、学校図書館資料を大いに利用してもらうことも有効でしょう。

1-6　伝記の扱い

　日本十進分類法第2次区分では、人物辞典や伝記は28に分類します。そのうち、2人までの個人伝記は、「289」に分類されます。3人以上を扱った伝記や人物事典で、日本人だけの場合は「281」、外国人も扱っていれば「280」となります。右端の1は日本、0は世界という意味をもたせています。

さて、日本十進分類法の「289」には、「ただし、哲学者、宗教家、芸術家、スポーツ選手［スポーツマン］、書芸に携わる者および文学者（文学研究者を除く）の伝記は、（略）その主題の下に収める」と注がついています。例えば、ヨハン・セバスティアン・バッハやヴォルフガング・アマデウス・モーツァルトは、「音楽史. 各国の音楽「762」」、佐藤春夫は「日本の詩「911」」、宮沢賢治は「日本文学「913」」に排架されます。しかし、小学校では伝記を読むという学習もあり、個人伝記に集めたほうが利用しやすいという考え方もあります。実際、公立図書館では、児童書の伝記は個人伝記に集めている図書館もあります。また、存命で活躍中の人物は、伝記に入れるか入れないかの判断に困ることもあります。そのような多くの本は、内容によってそれぞれの主題のもとに分類したり、ルポルタージュとして9類に分類したりしています。利用する児童の様子を見ていますと、スポーツ選手はスポーツの本と意識していることが多いようです。

　個人伝記の図書記号は「被伝者」にします。伝記は、誰が著した本なのかというよりは、誰について書いた本なのかという情報のほうが必要だからです。排列は、同じ分類記号のなかでは図書記号順ですから、個人伝記「289」は、被伝者順に排架します。ところが、シリーズやセットごとに排架している学校図書館が少なくありません。個人伝記は、被伝者順に排架して見出しを付けることによって、利用者が、人物に着目して読みたい人物の伝記を選んだり、調べたい人の伝記が探しやすくなったりします。

2　案内表示

2-1　学校図書館に誘う入り口の表示

　学校図書館の入り口は、表示や掲示・展示などで入りやすい雰囲気を作ります。学校図書館は、児童・生徒にとって、教室とトイレ以外に唯一自由に出入りできる施設かもしれません。学校図書館になじみがない児童・生徒もいるかもしれませんので、休み時間や放課後に自由に利用できる雰囲気作りは欠かせません。校種に応じた案内表示や掲示・展示を作成しましょう。

写真4　手作りの書架案内（上）と差し込み見出し（下）

2-2　案内表示

館内の案内表示は、利用しやすい学校図書館作りの重要な要素です。

まず、分類・排架している図書資料がどの書架に排架しているのか、第1次区分で表示します。

書架見出しは市販されていますが、温かみがあるデザインで手作りの書架見出しを作成するのもいいものです。その場合、著作権を侵害しないように注意し、オリジナルデザインや無料の画像を使用するようにします。

棚見出しや差し込み見出しを活用すると、より詳しい案内になります。

館内案内図（図書館マップ）は、入り口やカウンター近く、利用者の目につきやすい場所に掲示します。

図書資料が日本十進分類法で排架され、案内表示でどこにどの資料があるのかがわかりやすい学校図書館は、利用者にとって使いやすいでしょう。

3　図書以外の学校図書館メディア

第2章で、学校図書館資料とは、「図書、視覚聴覚教育の資料その他学校教育に必要な資料」であり、手で触れることができない情報をも提供する意味を含めて、学校図書館メディアと称することを述べました。ここでは、図書以外の学校図書館メディアの提供について取り上げます。

3-1　継続資料・逐次刊行物

継続資料や逐次刊行物は、図書費で購入できるものもありますが、校内で予算化しないと購入できないものもあります。新聞や雑誌、壁新聞などを学校図書館資料として整備できるよう、学校司書と司書教諭が連携して予算化に力を入れましょう。

新聞には、ニュースだけでなく、教育・文化・スポーツ・娯楽・地域情報など、さまざまな記事が載っています。各社の主張や執筆者名入りの記事もあります。新聞記事で大切なことは、「「○○新聞」によると」、ということ

写真5　新聞コーナー

です。同じ出来事でも、各社のとらえ方はさまざまです。必要な記事を切り抜いてファイル資料にしたり、新聞記事の紹介や、各紙の読み比べなどを掲示するのもいいでしょう。その際、新聞紙名・発行年月日、朝夕刊の別、版・面などを記します。

　ある小学校では、高学年の教室で毎朝日直がその日の新聞記事を発表し、その後、その新聞を学校図書館にもっていくそうです。別の小学校では、新聞の掲示物の下に新聞を置いたところ、休み時間に新聞を手に取る児童が増えたそうです（写真5）。特に、中学年の児童も大人用の新聞を手にするよう

になりました。小学生向けや中学生向けの新聞や全国紙、あるいは地方紙など、いろいろな新聞に親しませたいものです。

　学校司書や司書教諭が活用事例を収集したりアイデアを出したりして、各教員が新聞を活用できるような支援が必要です。

　また、新聞の切り抜き方や紙面構成の説明など、学校司書や司書教諭がレクチャーする授業支援も考えられます。高等学校での雑誌記事の検索には、雑誌記事索引の利用の仕方の指導も必要でしょう。小・中学校では、学校図書館にある雑誌の目次をカラーコピーしてファイルするだけでも必要な情報を探しやすくなります。きちんと雑誌の目録を作っている学校もあります。

　新聞や雑誌などの逐次刊行物も、利用の促進をおこなっていきましょう。

3-2　ファイル資料

　図書資料として出版が少ない分野や、地域資料、特定分野の資料などは、ファイル資料が役に立ちます。ファイル資料は、情報ファイルともいいます。学校司書や司書教諭は常に情報収集のアンテナを張って、意識的にファイル資料を収集するようにしたいものです。

　また、学校には、パンフレットやリーフレット、小冊子など、さまざまな資料が届きます。それらは、各教科主任や校務分掌上の担当者に渡され、そのまま、教員個人で保管したり処分してしまったりする場合が多いのではないでしょうか。それらを学校図書館で集め、整理、保存、提供することによって、学習に役立つ資料になります。職員室内に学習に役立ちそうな資料を入れる場所を作っておくと、教員も気軽に収集に協力できるでしょう。

　ファイル資料の保存方法には、バーチカルファイリングシステムやオープンファイリングシステムがあります。バーチカルファイリングシステムは、項目ごとにフォルダーに入れた資料をファイリングキャビネットに保存する方法です。オープンファイリングシステムは、項目ごとにファイリングボックスに入れた資料を並べる方法で、ファイリングボックスを購入して置き場所を作れば容易にファイリングシステムが構築できます。

　ファイルの分類は、日本十進分類法や、件名標目表に準拠して件名を付与するといいでしょう。

写真6　オープンファイリングシステムの例

　ファイル資料が少ないうちは「地域」「修学旅行」「夏期施設」「環境」などの大きな概念の件名で分類すれば十分ですが、資料が増えてきたらより具体的な件名を付与する必要性が出てきます。

　排列は、件名順または日本十進分類法順にします。バーチカルファイリングシステムでは左上から下へ、キャビネット内では手前からフォルダーを排列します。オープンファイルシステムでは、図書資料と同様に左から右へ排列します。件名順に排列した場合は、ファイル資料件名一覧表を掲示しておくと便利です。

　ファイル資料は、ファイル資料コーナーを設けて管理することが一般的ですが、図書資料を排架した書架にその類に属するファイル資料を配置している学校もあります。

3-3　紙芝居

　紙芝居は「視聴覚メディア」だという理由で視聴覚室に保管する学校や、また児童が入ることができない教材室・資料室に保管する学校がある一方で、紙芝居は「紙メディア」という特性ももつため、学校図書館の資料として扱

ってきた学校もたくさんあります。独自に「K」などと別置記号を付けて図書資料と同様に貸し出している学校図書館も多くあります。

　学校図書館に学校司書が常駐していれば、紙芝居も自由に利用でき、貸出・返却時に枚数を確認することもできます。

3-4　コンピューターの設置・タブレット

　近年、コンピューター室がすぐ近くにある学校図書館や、タブレット端末を学校図書館で利用する学校が増えています。児童・生徒が自らの課題を解決したり何かを調べたりする際に、インターネットだけ、あるいは図書資料だけで調べたりするのではなく、その内容に応じて、いちばん適切なメディアを活用できるようになることや、複数の資料を評価・選択できるようになることが大切です。コンピューター室が学校図書館から遠い場所にあると、とても不便ですし、教員も指導が行き届きにくくなるおそれがあります。

　プリンターや学習に必要な文具も学校図書館に整備されていることが必要です。教員が指導事項としてプリントアウトを制限している学校もありますので、印刷は教員に確認することが必要でしょう。

　不正なアクセスや書き込みをしないように教員の指導の下で利用させている学校もあるので、学校司書と司書教諭、また授業担当教員との連絡や連携が大切です。

3-5　博物資料・模型、児童や生徒の作品など

　第2章で述べたように、昔の道具や自校資料、剥製や実物、模型、児童・生徒の作品も、学校図書館資料として学習に役立ちます。校内の資料館、博物館などが学校図書館に隣接していると、昔のことを調べたり、学校の歴史を調べたりするのに便利です。また、貴重な自校資料を学校図書館で管理することによって、資料の分散を防ぐことができます。

　児童・生徒の作品を展示している学校では、学校図書館に展示してもらって多くの人の目に触れることを楽しみにしているそうです。

「学校図書館＝本」ではなく、「学校図書館メディアとは何か」を教員全員に理解してもらうことが重要です。

第3章　学校図書館の環境整備──── 47

3-6　学校図書館外の情報源

　学校の授業に企業や地域の人材をゲストティーチャーとして招くことがありますが、教員個人のつながりで依頼している学校も少なくありません。学習に利用できる施設や地域の人材、児童・生徒の作品もすべて学校図書館メディアであると考え、児童・生徒の学習に必要な情報を学校図書館が管理しておくと、教員が異動しても困らないでしょう。

　例えば、小学校で他地域から異動してきた教員が、地域学習をおこなう3年生の担任になったケースを紹介します。ゲストティーチャーを頼みたいが、「いままで頼んでいた人が今年は無理らしい。どうしたらいいだろう」と、司書教諭に相談がありました。早速、教育委員会の取り組みで作成したゲストティーチャーに頼める企業や人材を紹介した冊子を提示すると、いいゲストティーチャーが見つかったと報告がありました。

　学校図書館は、教員個人がつかんでいる情報をみんなのものにすることができます。

4　展示・掲示

　児童・生徒と本との出合いの演出の一つに展示・掲示があります。司書教諭・学校司書・学校図書館ボランティアが連携して、展示・掲示計画を立てます。あまり細かく計画しすぎると、ちょっとしたアイデアを生かすにもそれぞれの意見をすり合わせるのに時間がかかります。計画の粗密も含めて、上手に連携することが大切です。学校司書が中心になり、授業に関わりがある展示・掲示には司書教諭が携わり、ボランティアは季節に合った飾りつけをするなど依頼された仕事に従事するといいかもしれません。

　展示・掲示をおこなう場所は、学校図書館のなかだけでなく、学校図書館への導線になるような校内での展示・掲示も効果的です。

　学校図書館から離れた場所での案内掲示を提案したり、学校図書館の入り口付近を工夫したりもします。

写真7　図書委員会によるお薦めの本の展示

　展示・掲示は、学校図書館の目的と機能を生かすためのものであることを念頭に置き、「学習に役立つ」「本との出合いの場になる」「居心地がいい環境を作る」を意識しながら計画しましょう。また、学校図書館ですから、図書委員会の活動も含めて、児童・生徒自身による環境作りも大切です。

5　修理・製本

　図書資料は、貸出・返却・督促業務と蔵書点検できちんと管理することが大切です。しかしそれらは消耗品ですから、管理を重視しすぎて利用の促進を妨げないよう注意が必要です。
　図書の修理も同様です。図書専用の補修テープなどを使用し、簡単な破損は修理します。ただ、ページが抜けてしまっているものはもちろん、破れた

写真8　学校司書によるお薦めの本と郷土の作家の本の展示

り汚れたりして修理しても見栄えがよくないものは、利用者が手に取ったときにがっかりするので、思い切って買い替えたほうがいいときもあります。

　古くて色あせた本の背表紙に書名を印字したテープを貼って排架してある学校図書館もありますが、修理しても魅力ある本にはならないばかりか、書架が色あせた雰囲気になってしまうのであれば、それらを取り去ったほうが新しい本が目立ちます。

　児童・生徒には、修理が必要な本を見つけたら、自分で修理せず、カウンターに届けるように周知します。教員には、補修用のテープの使い方ぐらいはレクチャーしておいてもいいでしょう。

　学校図書館で製本をすることは少ないと思います。高等学校などで雑誌の合本などが必要な場合は、専門の業者に依頼できるように予算化するといいのではないでしょうか。

　児童・生徒の作品づくり、学級文集作成などで必要な合紙製本や袋とじ程度の簡易製本は、知っていると便利です。

写真9　合紙製本で作った自動車図鑑　小学校1年生　国語

写真10　画用紙を8等分に折り、中央に切れ目を入れて折った図鑑　小学校2年生　生活

注

(1)「序説」、もりきよし原編『日本十進分類法 新訂10版』第1巻（本表・補助表編）所収、日本図書館協会、2014年、12、15—16ページ
(2) 文部科学省「小学校学習指導要領」2017年3月、26ページ（http://www.mext.go.jp/component/a_menu/education/micro_detail/__icsFiles/afieldfi

第3章　学校図書館の環境整備————51

le/2017/05/12/1384661_4_2.pdf）［2018年2月26日アクセス］

（3）新宿区教育委員会「調べ方テキスト　小学校中学年用」「しんじゅく学校図書　館」（http://www.shinjuku.ed.jp/~center-a/gyoumu/newdir0/newdir0/kenshu111.html）［2018年2月26日アクセス］に掲載。

（4）第2章第1節1-1

第4章　学校図書館の運営

　2016年11月28日、文部科学省は学校図書館の運営上の重要な事項について、その望ましいあり方を示した「学校図書館ガイドライン⁽¹⁾」を公表しました。これは、同年10月の「これからの学校図書館の整備充実について（報告⁽²⁾）」をふまえて定められたものです。

　そこでは、「学校図書館の運営」の第一に「校長は、学校図書館の館長としての役割も担って」いることを記しています。さらに、校内組織を設けること、児童・生徒の登校時から下校時までの開館に努めること、広報活動に取り組むよう努めること、ほかの学校の学校図書館、公共図書館、博物館、公民館、地域社会などとの連携を図ることなどを示しました。

1　年間経営計画・運営計画

　学校司書が配置され学校図書館が整備されても、学校教育に生かされなければ、一部の児童・生徒や教員だけが利用する学校図書館になってしまいます。休み時間や昼休みは、利用されるが、授業中は閑散としている学校図書館は、学校図書館の機能が十分に生かされていない学校図書館です。そんな学校図書館は、普段は学校図書館を利用しない児童・生徒にとっては、利用しづらい雰囲気をもった学校図書館になってはいないでしょうか。朝読書はおこなっているけれど、入学してから卒業するまで一度も学校図書館を利用しない生徒が存在するという中学校の報告を聞いたことがあります。

第4章　学校図書館の運営────53

学校図書館を活用することの意義を全教員に周知し、すべての児童・生徒を対象とした教育計画として、学校図書館に関する諸計画をもつことが必要です。ここでも、学校司書と司書教諭の連携が重要になります。

1-1　学校長・司書教諭・学校司書の役割

学校図書館が積極的に活用されるためには、まず、学校長が経営方針に学校図書館の活用を位置づけることが大切です。学校司書や司書教諭は学校長と日頃から話をして、学校図書館活用を訴えていきましょう。

学校図書館経営計画立案は、主に司書教諭の仕事です。具体的な運営計画は、学校司書の仕事と関わることも多いので、学校司書と司書教諭の協働が必要です。

学校図書館を活用した教育活動の企画・実施、読書指導計画・情報活用指導計画の立案、学校図書館に関する業務の連絡調整などは、司書教諭がおこないます。学校司書は、職員会議や校内研修などに参加できているといいのですが、常に各教員とコミュニケーションを図り、教育活動全体の状況を把握するようにします。

司書教諭や学校図書館主任は、学校司書や校務分掌上の学校図書館部員とともに学校図書館部として、諸計画を立案して提示します。校内の組織表に司書教諭や学校司書を位置づけ、校務分掌表や学校要覧にも載せるよう、学校長や教務主任の理解を得るはたらきかけも大切です。

1-2　教育計画に学校図書館経営・運営計画を入れる

各学校では学校の教育計画を作成し、P（計画 Plan）→ D（実行 Do）→ S（評価 See）→ P（Plan）、または P（Plan）→ D（Do）→ C（評価 Check）→ A（改善 Act）のマネジメントサイクルによって、計画を立て、実行し、評価し、改善してまた計画を立てていることでしょう。多くの学校は、学校長の経営方針や行事、時程などの教育課程をはじめ、安全指導や食育、進路指導計画など、さまざまな教育計画をもち、これを冊子などにまとめています。この教育計画に、学校図書館の諸計画も入れることが必要です。

学校図書館基本計画や組織など、学校図書館をどのように経営していくか

は、「学校図書館運営委員会」のような組織で立案することが望ましいでしょう。「学校図書館運営委員会」の構成員は、司書教諭、学校図書館主任、学校司書、校務分掌の学校図書館部の教員、教頭（副校長）、学校長、また必要に応じて教科主任などが考えられます。具体的な学校図書館運営計画も同様ですが、学校図書館経営計画や情報活用能力育成計画など、学校教育そのものに関わることは主に司書教諭、学校図書館業務計画などの運営計画は主に学校司書が携わります。諸計画の立案は、司書教諭と学校司書の協働・連携が生かせるように、実践しながら改善していく重要な課題の一つです。

　学校評価には、児童・生徒によるもの、地域や保護者によるもの、教職員によるものなどがあります。学校評価には、学校図書館の活用の仕方や読書指導に関わる評価項目も入れるよう、教務や管理職と連携します。学校図書館担当者として、司書教諭や学校司書による学校図書館の運営面での評価もおこなう必要があります。全国学校図書館協議会が評価基準をインターネットサイトに公開していますので、参考にしてみてください。[3]

1-3　学校図書館年間計画の事例

　学校図書館の諸計画は学校によってさまざまですが、代表的な計画を例示します。

①基本計画

　学校図書館の目的や機能、学校目標や各教科との関連など、学校図書館経営に関する基本計画を立てます。基本計画は図で示すことが多いです。すでに基本計画をもっている学校は、それに基づいて実行し、それを評価し、改善すべき点は改善します。基本計画がない学校は、他校の基本計画を参考にしてまず作成してみましょう。図3は、ある小学校の例です。

②学校図書館経営計画

　学校図書館の目的と機能を自校の教育に生かすための方針を立てます。授業での学校図書館活用や司書教諭・学校司書の授業支援、読書活動の推進方針などを明文化します。

第4章　学校図書館の運営──────55

学校図書館運営委員会や学校図書館資料選定委員会などの組織図も作成します。

③学校図書館運営計画

開館日時や貸出冊数・期間などの学校図書館の決まりごとや、使用優先学級の割り当て、読書月間などの年間計画を立てます。資料収集計画や払出計画も明文化します。

④情報活用能力育成計画

司書教諭が中心になって、各教科などで指導する情報活用能力を表にするといいでしょう。学校司書も気づいたことなどの意見を出し、作成を支援します。

全国学校図書館協議会の「情報・メディアを活用する学び方の指導体系表」[4] が公開されています。表1は、それを参考にした例です。

⑤各教科などでの学校図書館活用計画

各授業者の計画を司書教諭がとりまとめます。学校司書は、学校図書館の授業支援の記録を各授業者に提供すれば、先生は授業をする際にその記録を参考にするでしょう。特に、小学校では担任が授業をする教科が多いので、前年度の記録が役に立ちます。また、支援のアイデアなどがあれば、進んで提案して授業者との連携に努めます（表2・3を参照）。

⑥読書指導・読書活動計画

各教科ごとの読書指導の推進は司書教諭が中心になっておこない、また学校図書館が主催する読書活動は学校司書が中心となって立案すると、円滑な連携ができるでしょう。

⑦学校図書館年間業務計画

4月の開館準備からオリエンテーション、図書購入など、学校図書館の年間業務計画を立てます。オリエンテーションの実施は、司書教諭が全学年で

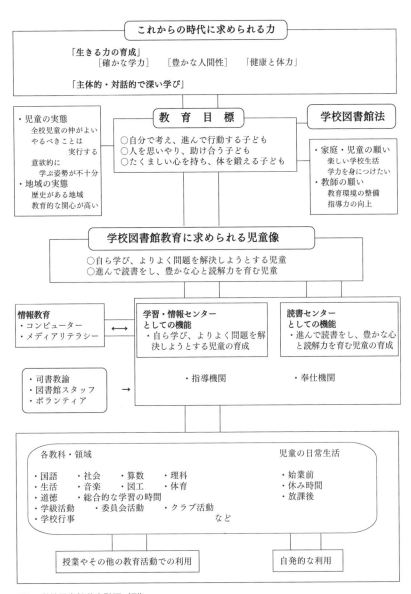

図3 学校図書館基本計画（例）

表1　情報・メディア活用能力育成計画（案）

	情報・メディアの利用	情報・資料の探索
低学年	○学習の目当てをもつ ・身近な自然や文化などに関心をもったり、気づいたりする ・先生や友達と相談しながら課題を見つける ○情報・メディアの利用法を知る ・学校図書館の決まりを知り、利用する ・図書の扱い方や読書衛生を知る ・コンピュータの起動・終了、マウスの使い方を知り、お絵かきソフトや文字パレットを使う ・デジタルカメラを使う ・近くの公共図書館を利用する	○学校図書館を利用する ・絵本や自然科学の本を利用する ・簡単な読み物を読む ○身近な施設や人々から情報を得る ・近隣の図書館を利用する ・家族や身近な人にインタビューをする ・情報を得るために、観察や見学をする ○課題に応じた資料を利用する ・指導者が提示した資料や学校図書館の資料を利用する ・身近なところから資料を探す
中学年	○学習計画の立て方を知る ・簡単なウェブ図を用いて、課題を見つける ・先生や友達と相談しながら課題を見つける ○情報・メディアの利用法を知る ・学校図書館の働きや役割を理解し、利用する ・コンピュータで指導者が指定した子ども向けのウェブサイトを見たり、簡単なキーボードの操作をしたりする ・公共図書館の利用の仕方がわかり、進んで利用する ○情報・メディアの種類や特性を知る ・さまざまな調べ方を身に付ける	○学校図書館を利用する ・分類の仕組みと配架がわかる ・コンピュータで学校図書館の本の検索をする ・レファレンスサービスが受けられる ○近隣の施設や人材から情報を得る ・近隣の図書館を利用する ・情報を得るために、実地見聞をする ・ゲストティーチャーから学ぶ ○課題に応じた資料を利用する ・指導者が提示した資料や学校図書館の資料などから必要な資料を探す

情報の収集と活用の仕方	学習結果のまとめと情報発信
○情報を集める ・観察・見学・インタビューなどで情報を集める ・絵本や図鑑などを利用する ・目次と索引を利用する ・本に親しむ ○記録の取り方を知る ・ノートをわかりやすく、丁寧に書く ・絵や言葉で記録する ・デジタルカメラで記録する	○学習したことをまとめる ・絵や文章でまとめる ・絵本を作る ・クイズを作る ・書名などの出典を書く ○学習したことを発表する ・展示や掲示による発表 ・紙芝居、紙人形劇、劇、朗読劇、役割読み、群読、クイズ大会など、多様な発表形態を知る ・コンピュータや視聴覚機器を利用して発表する
○情報を集める ・観察・見学・インタビューなどで情報を集める ・ゲストティーチャーから学ぶ ・図書や図鑑を活用する ・国語辞典・漢字辞典や百科事典の利用の仕方がわかる ○記録の取り方を知る ・ノートを工夫してわかりやすく書く ・抜き書きや箇条書きで記録カードに記録する ・表や図の作り方や要点のまとめ方を知る ○必要な情報を選ぶ ・目的に応じて情報を選択する ○各種メディア利用上の留意点を知る ・情報モラルや著作権について考える	○学習したことをまとめる ・情報を取捨選択して整理する ・調べたことや引用と自分の考えを分け、出典や引用を記入する ・図や表を使ってまとめる ○学習したことを発表する ・新聞を作る ・発表方法を工夫して、発表会をする ・コンピュータや視聴覚機器を操作して発表する ○学習の過程と成果を評価する ・メディアの使い方、調べ方、まとめ方、発表の仕方などを自己評価したり、相互評価したりする ○資料の保管 ・集めた資料を保管する

	情報・メディアの利用	情報・資料の探索
高学年	○学習計画を立てる ・ウェブ図などを用いて課題を見つける ・追求したい理由を明らかにし、課題として適切か判断する ○情報・メディアの利用法を知る ・学校図書館や公共図書館を進んで利用する ・各種文化施設を利用する ・コンピュータを活用して調べたり、情報発信をしたりする ○情報・メディアの種類や特性を知る ・目的に応じて、情報・メディアの選択をする	○学校図書館を利用する ・分類の仕組みと配架がわかる ・必要な本の検索ができる ・レファレンスサービスが受けられる ○社会施設や人材から情報を得る ・公共図書館や公共施設を利用する ・情報を得るために、実地見聞をする ・ゲストティーチャーから学ぶ ○目的に応じた資料を利用する ・さまざまな情報手段を用いて、目的に合った情報を収集する ○コンピュータの活用 ・インターネットで検索して、必要な情報を探す ・ローマ字入力をしたり写真を取り込んだりする

＊全国学校図書館協議会の「情報・メディアを活用する学び方の指導体系表」（2004年4月1日）新宿区教育委員会・情報教育推進委員会「情報教育指導計画」（平成15年度）をもとに、本校の実践の積み上げによって作成した。

情報の収集と活用の仕方	学習結果のまとめと情報発信
○情報を集める ・調べる目的に合わせて、情報源を選択したり、複数の情報を比較したりする ・年鑑や各種辞典を利用する ・新聞や雑誌を利用する ○記録の取り方を知る ・切り抜きなどのファイル資料を作成する ・要点や引用などを記録カードに記録する ・ノートを効果的に活用する ・コンピュータでの記録の取り方を知る ・ポートフォリオを作成する ・資料リストを作成する ○必要な情報を選ぶ ・集めた情報を評価し、取捨選択する ○各種メディア利用上の留意点を知る ・情報モラルや著作権について考える	○学習したことをまとめる ・情報を取捨選択して整理する ・調べたことや引用と自分の考えを分け、出典や引用を記入する ・資料リストを作成する ・表や図を効果的に使う ○学習したことを発表する ・相手や目的に応じて、効果的な表現方法を選択し、構成を工夫して発表する ○学習の過程と成果を評価する ・メディアの使い方、調べ方、まとめ方、発表の仕方などを自己評価したり、相互評価したりする ○資料を保管する ・資料の保管の仕方を工夫する

第4章　学校図書館の運営―――61

表2　学校図書館活用指導年間計画（例）

	1年	2年	3年
4月	学校巡り（生活） お話を聞こう（国語）	図書館の使い方（特活） 野菜を育てよう（生活）	図書館の使い方 （特活）
5月	図書館の使い方 貸出と返却 絵本があるところ（特活）	課題図書紹介（国語） 絵本や図鑑があるところ （国語）	課題図書紹介（国語） 本の分類（国語）
6月	お話し会（国語） 本の取り扱い（特活） 家庭での読書	お話し会（国語） 図鑑の利用（生活） 家庭での読書	感想文を読もう（国語） 図鑑の利用（理科） 家庭での読書
7月	夏休みに向けて本の紹介 （国語）	夏休みに向けて本の紹介 （国語）	夏休みに向けて本の紹介 （国語）
9月	感想文を書こう（国語）	感想文を書こう（国語）	感想文を書こう（国語）
10月		地域の図書館（生活）	公共図書館の利用（社会・ 総合）
11月	お話し会（国語） 全校読み聞かせ集会・読書 郵便（国語）	お話し会（国語） 全校読み聞かせ集会・読書 郵便（国語）	読書生活を振り返る（特活） 全校読み聞かせ集会・読書 郵便（国語）
12月			調べたことのまとめ方（総 合）
1月	昔遊びを調べよう（生活）	昔遊びを調べよう（生活）	
2月			
3月	本の紹介を書こう（国語）	本の紹介を書こう（国語）	本の紹介を書こう（国語）

4年	5年	6年
図書館の使い方 本の分類（特活）	図書館の使い方 本の分類（特活） 百科事典の利用（社会・総合）	図書館の使い方 本の分類（特活）
課題図書紹介（国語）	課題図書紹介（国語） 年鑑の利用（社会・総合） メディアの特性（特活）	課題図書紹介（国語） 検索の仕方（総合） メディアの特性（特活）
感想文を読もう（国語） 百科事典の利用（社会・総合） 家庭での読書	感想文を読もう（国語） 検索の仕方（理科） 家庭での読書	感想文を読もう（国語） 著作権（総合） 家庭での読書
新聞記事・割り付け 夏休みに向けて本の紹介（国語）	夏休みに向けて本の紹介（国語）	夏休みに向けて本の紹介（国語）
感想文を書こう（国語）	感想文を書こう（国語）	感想文を書こう（国語）
地図の利用（社会） インターネットの使い方（特活）	新聞の利用（特活）	ファイル資料の利用（特活）
読書生活を振り返る（特活） 全校読み聞かせ集会・読書郵便（国語）	読書生活を振り返る（特活） 全校読み聞かせ集会・読書郵便（国語）	読書生活を振り返る（特活） 全校読み聞かせ集会・読書郵便（国語）
調べたことのまとめ方（総合）	表や図にするまとめ方（総合）	
資料リストを作ろう（社会・総合）	資料リストを作ろう（社会・総合）	コンピューターで情報発信しよう（総合）
	コンピューターで情報発信しよう（総合）	
本の紹介を書こう（国語）	本の紹介を書こう（国語）	本の紹介を書こう（国語）

表3　第6学年 学校図書館活用年間計画（案）

	4月	5月	6月	7月	8・9月
読書活動	・朝読書→ ・読み聞かせ→ ・学校図書館の使い方 ・メディアの特性		・読書月間・ファミリー読書 ・著作権	・夏休みの読書	
総合	・オリエンテーション	国際交流学習 ・私の卒業研究			
国語	・続けてみよう ・カレーライス ・漢字の形と音	・生き物はつながりのなかに ・短歌・俳句の世界 ・暮らしのなかの言葉	・ガイドブックを作ろう ・よりよい文章に ・学級討論会をしよう	・森へ ・本は友達	・読書感想文 ・船（詩） ・りんご（詩） ・同じ訓をもつ漢字
社会	1，日本の歴史 ・米づくりのむらから古墳のくにへ	・聖武天皇と都の文化 ・源頼朝と鎌倉幕府	・3人の武将と全国統一	・徳川家光と江戸幕府	・江戸の文化を作り上げた人々 ・明治維新を作り上げた人々
算数	・倍数と約数 ・がい数と計算 ・ブロック遊び	・分数のたし算とひき算	・平均 ・単位量あたりの大きさ	・合同な図形 ・一筆書き	・分数のかけ算とわり算（1） ・分数のかけ算とわり算（2）
理科	・わたしたちをとりまくかんきょう ・ものの燃え方と空気	・ものの燃え方と空気 ・生き物と養分（1）	・植物の養分と水の通り道	・生き物と養分（2） ・自由研究	・土地のつくりと変化
音楽	・ふしの重なり合いを味わおう		・アンサンブルを工夫しよう	・いろいろな音のひびきを味わおう	・曲想を感じ取ろう
図工	・鉛筆グラデーション	・私色ポスター	・金の音	・風の形	・校内が変わった
家庭科	生活を見直そう ・朝の生活を見直そう ・生活時間を工夫しよう ・朝食に合うおかずを作ろう		衣服を整えよう ・なぜ衣服を着るのだろう ・気持ちよく着る工夫	金銭や物の使い方を考えよう ・お金の使い方を考えよう ・物の使い方を見直そう	生活を楽しくする物 ・自分の作りたい物 ・制作の計画を立て ・工夫して制作しよう ・楽しく使おう
体育	・体ほぐしの運動	・表現運動	・バスケットボール ・鉄棒 ・保健「病気の予防（1）」	・水泳	・走り高跳び
道徳	・自然愛、環境保全 ・礼儀	・生命尊重 ・勤労、社会奉仕、公共心 ・希望、勇気、不撓不屈 ・自然愛、環境保全	・創意、進取 ・尊敬、感謝 ・生命尊重	・勤労、社会奉仕、公共心 ・自由、規律 ・敬虔	・寛容・謙虚 ・公正・公平、正義 ・誠実・明朗 ・家族愛

10月	11月	12月	1月	2月	3月
		・冬休みの読書			・次の6年生への お薦めの本
	・読書月間・読み聞かせ集会				
		・読書郵便			
・私の卒業研究			・感謝の気持ちをこめて		
・みんなで生きる町 ・日本で使う文字 ・やまなし	・熟語の成り立ち ・覚えておきたい言葉 ・平和のとりでを築く	・自分の考えを発信しよう ・インターネットと学習	・いま、わたしは、ぼくは ・感動を言葉に	・わたしたちの言葉 ・カンジー博士の漢字クイズ大会	・学習したことを生かして ・海の命 ・いま、君たちに伝えたいこと ・生きる
・世界に歩み出した日本	・戦争を体験した人々とくらし ・新しい日本、平和な日本へ	2, わたしたちの生活と政治 ・わたしたちの願いを実現する政治 社会科見学	・わたしたちのくらしと日本国憲法	3, 世界のなかの日本 ・日本と関係の深い国々	・世界の平和と日本の役割
*どんな計算になるのかな *全体を1と見て ・およその面積 ・紙を切って ・直方体と立方体	・算数を使って予想しよう ・体積のはかり方と表し方 ・量の単位のしくみ	・比	・拡大図と縮図 *順序よく考えて	・比例 ・文字と式 ・物の値段大調査 ・算数卒業旅行	・算数のまとめ
・水よう液の性質	・からだのつくりとはたらき		・電磁石のはたらき	・月と太陽 ・生き物のくらしと自然かんきょう	
・重なり合う音の美しさを味わおう			・日本の音楽、箏をひこう	・門出の日に向けて	
・役に立つもの		・食器を作ろう			・バランストンボ
を作ろう を考えようよう	楽しい食事を工夫しよう ・1食分の食事について考えよう ・調理の計画を立てて作ろう ・家族と楽しく食事をしよう		近隣の人々との生活を考えよう ・自分の生活や地域の生活を見つめてみよう ・自分にできることをやってみよう ・実行したことをまとめよう ・ふれあいの輪を広げよう これからの家庭生活と社会		
・ソフトバレーボール	・ハードル走 ・走り幅跳び ・持久走	・跳び箱運動 ・体力を高める運動	・サッカー	・保健「病気の予防（2）」	・マット運動
・郷土愛、愛国心 ・向上心、個性尊重 ・家族愛 ・尊敬・感謝	・友情・信頼、助け合い ・思慮・反省、節度・節制 ・郷土愛、愛国心 ・役割と責任の自覚	・思いやり・親切 ・思慮・反省、節度・節制 ・公正・公平、正義	・国際理解・親善 ・思いやり・親切 ・寛容・謙虚	・国際理解・親善 ・愛校心 ・希望、勇気、不撓不屈	・公徳心、規則の尊重、権利・義務 ・向上心、個性尊重

表4　学校図書館年間活動計画（案）

4月	開館準備、開館、指導計画作成、子ども読書の日（4月23日）、オリエンテーション
5月	第1回図書購入
6月	読書月間・読書感想文指導資料配付（教員）
7月	夏休みの読書案内と貸出、夏休みの自由研究指導
8月	夏休みの開館
9月	読書感想文指導と校内審査、図書館を使った調べる学習コンクール応募
10月	読書月間準備
11月	読書月間　　10/27〜11/9（読書週間）
12月	冬休みの読書案内・読書感想画募集（任意）
1月	年度末図書購入　読書感想画コンクール参加（応募者）
2月	年度の反省、活動の評価
3月	後輩へのお薦め本の紹介、閉館準備、開館準備、蔵書点検
年間	・学習、読書活動への支援（司書教諭・学校司書の授業支援） ・環境整備・掲示・展示 　　　（学校司書・学校図書館ボランティアの連携・協力） ・図書委員会活動…当番活動・広報活動・児童の創意による活動 ・レファレンス（図書やその他資料についての案内・相談） ・学校図書館ボランティアの活動 ・公立図書館との連携　　　　　　　　　　など

①読書月間

〈6月の読書月間〉
- ・ねらい　　本に親しみ、読書習慣の定着を図る
- ・内容　　　ファミリー読書（家庭での読書の推進）
　　　　　　先生による本の紹介
　　　　　　　　朝会のときに、2人1、2冊おすすめの本を紹介する
　　　　　　　　教員全員1人2、3分で
　　　　　　お話し会（1・2年生）ブックトーク（3年生以上）

〈11月の読書月間〉
- ・ねらい　　読書集会に参加し、本に親しませる
　　　　　　日常の読書生活を振り返り、後半の読書生活に生かすようにさせる
- ・内容　　　全校読み聞かせ集会・読書郵便
　　　　　　図書委員会の発表
　　　　　　読書生活を振り返る（振り返りシート）
　　　　　　先生による本の紹介（後半）

②朝読書

- ・毎週木曜日、火曜日・金曜日は朝学習の前後
- ・月1回、学校図書館ボランティアによる読み聞かせ

おこなうよう職員会議や学年に提案し、学校司書によるレクチャーを入れて計画します。図書購入は、できれば毎月おこないたいところですが、少なくとも春と秋に大きな購入を計画し、必要な図書は途中でも購入できるようにします。年度末に残額がある場合は、すべて使いきるようにしましょう。

夏休みの開館、長期休業前の特別貸出、蔵書点検（曝書）なども計画します（表4を参照）。

2　資料の収集と更新

学校図書館資料とは、図書だけでなく、図書以外の印刷資料、視聴覚の資料、そのほか学校教育に必要な資料をすべて指します。新聞や雑誌、ファイル資料なども計画的に整備します。手に取ることができない情報も視野に入れることから、学校図書館メディア、コンテンツなどと呼ぶこともあります。

図書資料と図書は本のことを指します。

2-1　図書資料の収集

学校図書館資料のなかで大きな位置を占めるのが図書資料です。学校司書は、「本の専門家」として常に研鑽することが必要です。特に中学校・高等学校では、児童書・ヤングアダルト・一般書、簡単な専門書など、学校図書館資料としての対象図書の幅が広いので注意しましょう。

しかし、学校図書館資料の予算は公費です。校内で「資料選定委員会」を設けることが理想ですが、校務分掌上の「学校図書館部」がその役割を担ってもいいでしょう。少なくとも、学校司書任せにならないように司書教諭と連携し、教員の声を聞いて、授業で必要な資料をそろえておくことが大切です。

近年は、外部から学校図書館資料に対する問い合わせやクレームがないともかぎりません。そのような場合は校長が対応します。学校図書館資料は、個人が責任をもつものではなく、学校として組織的に、選定・購入・保存・更新をおこなうものです。

第4章　学校図書館の運営――――67

授業での学校図書館活用があまり活発でない場合は、教員からの購入希望が出ないこともあります。司書教諭が各教科などでの学校図書館活用と、必要な資料の購入希望を出すように訴えることが大切です。

児童・生徒、またボランティアなどからリクエストを募ることも学校図書館活用促進には有効ですが、リクエストがあった資料を購入するか否かは、「資料選定委員会」で決定します。寄贈本も、受け入れるか否か学校として判断します。9類が多すぎたり、気軽に読める本ばかりが目立ったりする蔵書構成にならないよう、学校図書館の目的を考えた蔵書構成をめざして購入資料を決定します。本のことをよく知っている学校司書がいると、教員が必要としている本やいい本をたくさん提案できて、学校図書館の蔵書構成の向上につながります。

「学校図書館図書標準」(5)や、全国学校図書館協議会による「学校図書館メディア基準」(6)の「蔵書の配分比率」を参考にしてください。この「蔵書の配分比率」は、全国学校図書館協議会の「蔵書の最低基準冊数」を基に考えられていますので、9類が30パーセント台になってもいいのではないかと個人的には考えています。また、ノンフィクションを各類に分類しないで「記録・手記・ルポルタージュ」などとして「9□6」に分類すれば、9類が増えます。国語辞典や漢字辞典（漢和辞典）は、国語科で購入して教室に置き、頻繁に使うのがいいと考えますが、学校図書館資料として受け入れれば8類がおのずと多くなります。単学級の学校では、5,080冊で「学校図書館図書標準」の100パーセントを満たしてしまい、それでは十分とは言えません。図書購入費が少ない地域は、最低でも「学校図書館図書標準」の100パーセントを満たすように行政にはたらきかけたいものです。

2-2　図書資料の更新

全国学校図書館協議会編集の『司書教諭・学校司書のための学校図書館必携』によると、更新とは、「内容が古くなり利用価値がなくなったり、破損や汚損がひどく利用できなくなったりした図書などを書架から取り除き（除架）、利用価値のある図書や資料と差し替える蔵書サイクルのこと(7)」です。

本がびっしり並んだ書架は、新しい本も古い本のなかに埋もれてしまい、

暗い雰囲気になりがちです。古い本を取り去ると新しい本が目立ち、なぜか本が増えたような気になります。

　図書資料が利用されず書架にあるだけだと、内容が古くなっても「一部分だけだから」と、廃棄するのがもったいない気持ちになります。しかし、その資料を利用者に手渡すことは、間違った情報や古い情報を提供することになってしまいます。文学作品も、子どもたちは、古くて色あせていると読む気がなくなります。

　新刊本を購入するだけでなく、ぜひ読んでほしいが、色あせて魅力が半減した古い本も買い替えて、新たに出合いの機会を作ることが、児童・生徒の読書の質を高めることにつながります。

　学校図書館の蔵書は、数だけでなく、更新によって常に使える図書資料で満たされていることが大切です。

2-3　図書以外の資料収集

　図書以外の資料については、第3章「学校図書館の環境整備」も参照してください。

　図書以外の資料で、「ファイル資料」は、学校の職員全員で収集できるような工夫をしましょう。学校には、いろいろな企業や団体からさまざまな資料が届きます。机上に置いたままだったり、教員の机のなかに入りっぱなしだったり、すぐに捨てられてしまっているかもしれません。職員室に学校図書館資料になりそうなパンフレットやチラシを入れる箱などを置いて、学校図書館資料として取捨選択して保存すると学習に活用できます。

　コンピューターやタブレットは、授業で一斉に利用することはあっても、休み時間に自由に利用できる学校は少ないかもしれません。学校図書館にコンピューターやタブレットがあり、休み時間や放課後に利用できれば便利でしょう。もちろん、マナーを守り節度をもって利用するように指導することが大切です。

第4章　学校図書館の運営 ──── 69

3 記録・統計

　記録や統計は、学校図書館の活用を推進するために貴重な資料となります。学年ごとの利用者や貸出数で、学校図書館活用の推移がわかります。読書指導をおこない、本との出合いの場をたくさん作ることによって貸出数が多い学校図書館に変化します。娯楽としての図書だけでなく、発達段階に応じて読んでほしい図書や、学習に関連した図書が多く借りられるようになったりもします。

　どの単元でどんな資料が必要かも記録しておくと、次に役立ちます。各教科などでの活用例も次の参考になります。

　記録や統計を蔵書計画や次年度計画に生かしてください。

4 会計・文書管理

　学校全体の会計は、事務専門の職員がおこないますが、学校図書館予算を計上したり購入図書をまとめたりするのは、学校図書館部でおこないます。

　多くの自治体では、図書購入費は、学校予算とは別に計上していますが、学校予算のなかから図書購入費を決定する学校もあります。

　学校図書館を運営するうえでは、図書以外にも多くの予算を必要とします。図書の受け入れに使うラベルやバーコード、ラベルキーパー、ブックコート用フィルムなどがそれにあたります。図書購入業者に図書の装備を依頼している学校でも、寄贈書の受け入れや分類の変更などでラベルの貼り替えなどがありますので、受け入れに必要な消耗品は常備します。補修用テープや、背を補修するためのフィルムも必要です。展示や掲示に使う紙類、ペンなど文房具は、学校図書館用で計上することもありますが、学校全体で常備しているものを随時使う学校もありますので、確認しましょう。

　新聞や雑誌、壁新聞などは図書ではないので、図書購入費ではなく、学校

図書館用の予算を計上する学校がほとんどでしょう。CDやDVDは、視聴覚資料費の枠で購入している学校が多いようです。

必要なものをリスト化し、予算会議に提出しましょう。

備品も必要なものを計画的に購入しましょう。書架のように高額な備品は、学校予算で購入するのか自治体に要求するのか、管理職に相談して必要な手続きをします。ブックトラックやブックワゴンは、学年数や学級数以上に必要です。毎年1台ずつ購入するなど、数年かけてそろえることもあるでしょう。

学校図書館の予算執行の状況は、学校図書館でもきちんと記録しておきましょう。

注

(1) 文部科学省「学校図書館ガイドライン」(〔http://www.mext.go.jp/a_menu/shotou/dokusho/link/1380599.htm〕〔2018年2月26日アクセス〕)巻末に掲載。「学校図書館の整備充実について（通知）」(〔http://www.mext.go.jp/a_menu/shotou/dokusho/link/1380597.htm〕〔2018年2月26日アクセス〕)添付資料としてリンク可能。

(2) 同ウェブサイトからリンク

(3) 全国学校図書館協議会「学校図書館評価基準」(http://www.j-sla.or.jp/material/kijun/post-44.html)〔2018年2月26日アクセス〕

(4) 全国学校図書館協議会「情報・メディアを活用する学び方の指導体系表」(http://www.j-sla.or.jp/pdfs/material/taikeihyou.pdf)〔2018年2月26日アクセス〕2019年1月1日に「情報源を活用する学びの体系表」に更新（https://www.j-sla.or.jp/pdfs/20190101manabinosidoutaikeihyou.pdf)〔2021年4月1日アクセス〕

(5) 文部科学省「学校図書館図書標準」(http://www.mext.go.jp/a_menu/sports/dokusyo/hourei/cont_001/016.htm)〔2018年2月26日アクセス〕

(6) 全国学校図書館協議会「学校図書館メディア基準」(http://www.j-sla.or.jp/material/kijun/post-37.html)〔2018年2月26日アクセス〕

(7) 全国学校図書館協議会監修『司書教諭・学校司書のための学校図書館必携――理論と実践 改訂版』悠光堂、2017年、166ページ

第4章　学校図書館の運営────71

第5章　学校図書館利用のガイダンス

　学校図書館活用を推進するための支援の一つにガイダンスがあります。本章では、教員へのガイダンスと児童・生徒へのガイダンスについて取り上げます。学校司書の専門性を生かして、学校図書館や学校図書館資料の利用・活用の仕方を児童・生徒にガイダンスすることも学校司書の授業支援の一つです。

1　教員へのガイダンス

　4月になると、学校では教職員の異動があります。そこで、教員へのオリエンテーションをおこないます。

　学校図書館の目的と機能、また学校図書館では、教員にどんなサービスができるのかを知らせます。

　教員向けオリエンテーションは毎年実施したいところですが、校内で学校図書館への理解が十分行き渡っている場合は、異動してきた教員だけを対象にしたオリエンテーションでもいいでしょう。その場合は、年度初めの職員会議で、今年度に全員に徹底したいことをしっかり伝えます。

　近年、教員の忙しさを少しでも減らすことを目的に、会議時間の削減が提唱され、オリエンテーションの時間が確保できない学校もあります。管理職がその必要性を実感し、少しでも学校図書館の説明ができる時間を確保しましょう。確保されている学校は、そこでの内容を吟味します。確保できない

学校は、年度初めの職員会議で、議題として学校図書館の諸計画を提案する時間を必ず設定し、そこで学校図書館の目的と機能を確認し、授業で学校図書館を利用すること、読書の指導をすることを話します。司書教諭と学校司書が相談して両者から話ができるようにしたいところですが、学校司書が職員会議に参加していない学校もあり、なかなか難しいのが現状です。学校の状況に合わせた工夫が必要です。

2　児童・生徒へのガイダンス

　児童・生徒へのガイダンスはオリエンテーションとしておこなう場合もありますが、教員が授業の指導計画のなかに位置づけて、授業支援の一部分としておこなう場合もあります。どちらも授業としておこなうことがほとんどです。授業者はあくまでも教員であり、学校司書は、そこでは専門性を生かして支援をするというそれぞれの立場での協働・連携が大切になるでしょう。

　オリエンテーションは、開館時間、貸出冊数、貸出期間、館内の決まりなどの確認だけではなく、学年に応じて分類・排架や著作権、情報源の選択など、指導内容を計画します。

　小・中学校の新学習指導要領国語では、「内容」の「思考力、判断力、表現力等」の「読むこと」に学校図書館資料を活用する言語活動の指導例を挙げています。小学校と中学校1年生までは、「学校図書館などを利用し」という文言で記述していますが、中学校2年生・3年生でもガイダンスとして説明するべき言語活動例を記しています。それらを参考にして、各学年の発達段階に応じたガイダンスをおこなうように司書教諭や教員と相談します。

　表5では、新学習指導要領国語を参考に、ガイダンスで取り上げたい事柄を例示しました。

　学校図書館や学校図書館資料の利用の仕方は学校司書や司書教諭が、また読書の記録の書き方、今年度の読書目標などは担任が指導するなど、国語や学級活動としてガイダンスを計画するといいでしょう。

第5章　学校図書館利用のガイダンス────73

表5　児童・生徒へのガイダンス例

学　　　年	ガイダンスで取り上げたい事柄
小学校第1学年、第2学年	図鑑や科学読み物の利用
第3学年、第4学年	事典や図鑑などの利用
第5学年、第6学年	複数の本や新聞などの活用
中学校第1学年	多様な情報の活用
第2学年	本や新聞、インターネットなどの利用、出典、引用
第3学年	実用的な文章、論説や報道などの文章の比較

表6　オリエンテーション〈例1〉読書の指導で　小学校2年生

C：児童　S：学校司書　T：教員

導入	C：今年度の学校図書館での学習の決まりを確認する	T：学校図書館での座席を指示する T：学校司書、司書教諭の紹介 T：読み聞かせのときの並び方を指示する T：読み聞かせのときの約束を思い出させる
展開	C：読み聞かせを聞く 　笑うような場面では笑ってもいいが、いつまでも長くは笑っていないで、適当に集中する	S：新学期にふさわしい読み聞かせをする 　つぶやきなどの反応は許容する T：児童と一緒に聞く
終末	C：今年度の読書の目標を立てる C：本を選んで借りる	T：今年度の読書の目標を数人に発表させて、各自書かせる S：今年度も本の紹介をすることを伝える S：貸出冊数と貸出期間、借りるときの注意などを話す T：読み物も借りるよう指示する

表7　オリエンテーション〈例2〉学校図書館の利用　中学校2年生

C：生徒　S：学校司書　T：教員

導入	C：学校図書館の利用経験を想起する C：今日の目当てをつかむ	T：昨年の学校図書館の利用状況と学校図書館で調べるときに困ったことを出させる T：本の並び方のワークショップをおこなうことを話す
展開	C：学校図書館での本の並び方を確認する C：与えられた書名とヒントを手がかりに書架から本を取り出す （ヒントの例） 「～について書いた本です」「スポーツ選手の話です」など	S：日本十進分類法の基本と学校図書館の排架を話し、ワークショップのやり方を説明する T：書名となぜその分類にあると思ったのか発表させる S：レファレンスについて話す
終末		T：学校図書館を進んで利用するように話す

3　入門期の指導

　小学校1年生の4月は、特別に入門期の指導が必要です。

　入学式当日には、新入生担当の教員による読み聞かせやストーリーテリングなどが多くの学校でおこなわれています。4月には、担任や朝の世話をする6年生、図書委員会の児童などによる読み聞かせも多くの小学校でおこなわれていて、学校生活に慣れるうえでも効果的です。学校図書館はまだ開館していない時期かもしれませんが、必要な図書は、春休み中でも入学式当日でも活用できるような配慮が必要です。

　小学校1年生の学習には学校探検があります。学校探検で学校図書館にも立ち寄り、学校図書館には学校司書や司書教諭の先生がいて、本を読んだり借りたり、本で勉強したりする場であることを1年生たちは学びます。その際、学校図書館に親しむために、学校司書による読み聞かせをおこなうこともいいでしょう。

　1年生は、4月から学校図書館を利用することもありますが、学校生活に慣れた5月の連休明け頃から本格的な学校図書館利用をする場合もあるでしょう。新1年生の学校図書館利用は、学年の担任と相談して決めます。

　座席、読み聞かせのときの座り方、学校図書館での約束、絵本がある場所、本の借り方、返し方などを順次指導します。

第5章　学校図書館利用のガイダンス———75

第6章　資料・情報の提供

　資料と利用者をつなぐには、環境整備などによるテクニカルサービスと呼ばれる間接的なサービスと同時に、パブリックサービスと呼ばれる直接的なはたらきかけによるサービスも重要です。本章では、後者について取り上げます。

1　利用案内

　学校図書館の開館時間、貸出冊数、貸出期間、館内案内などは、学校図書館年間計画や掲示物に明記している学校もありますが、慣例で決まってはいても文章化していない学校もあります。これらをパンフレットやリーフレットにまとめて、学校図書館利用案内を作成してオリエンテーションで配布し、学校図書館をより身近に活用してもらうようはたらきかけましょう。

　パンフレットやリーフレットを作り、図書館のさまざまな事柄について周知させることは重要です。学校図書館は何をするところか、どんなことができるのか、レファレンスの利用、催し物の紹介など、利用者の立場に沿った内容がいいでしょう。教員向けと児童・生徒向けの両方を作成することも効果的です。

2　閲覧

　閲覧席は、個人で利用できる席、大きな模造紙などを広げて作業できるような大きめな机の席、読書にいい雰囲気の席など、利用者のシーンに合わせて利用できるスペースがあるのが理想です。

　全国学校図書館協議会の「学校図書館施設基準⁽¹⁾」では、下記の資料のように規定していますが、せめて、2学級以上が同時に閲覧できるスペースがほしいところです。1学級分ほどの閲覧スペースしか確保できない場合は、学校図書館を優先的に利用できる学級の割り当てを週1回程度おこなったうえで、学校図書館を授業で使っている場合も、必要なときはいつでも利用できるように態勢を整えておくといいのではないでしょうか。資料だけそっと取りにいくのはお互いによしとする、その際は授業のじゃまにならないように静かに資料を選んで借りるなど、校内の共通理解を図り、利用案内に掲載して、オリエンテーションで徹底するなど工夫します。

　限られたスペースでも、ブラウジングコーナーを設けたり、腰かけ用のイスを置いたり、いろいろ工夫できます。利用者からの声を受け、ほかの閲覧者の迷惑にならずに音読ができるコーナーを作ったという学校図書館の実践報告を聞いたことがあります。

資料：全国学校図書館「学校図書館施設基準」から

1. 3　学校図書館施設は、次のような活動が展開できるスペースを設ける。

　1. 3. 1　利用者が落ち着いて学習したり、読書したり、グループで学習したり、AV機器を利用して視聴することができるスペース。(学習・読書・視聴スペース)

　1. 3. 2　リラックスした雰囲気で自由に雑誌や新聞、軽い読み物などを読むことができるスペース。(ブラウジング・スペース)

　1. 3. 3　コンピュータ・ソフトやインターネットを使って検索した

写真11 大きな机と窓際の個人閲覧席（中学校）

り、学習ソフトを利用するためのスペース。（コンピュータ利用スペース）

1.3.4 図書、逐次刊行物、ファイル資料、AV資料、コンピュータ資料などの図書館資料を配架するためのスペース。（配架スペース）

1.3.5 利用者に資料を貸し出したり、利用者が返却したり、利用相談などを行ったりするためのスペース。（受付スペース）

1.3.6 図書館スタッフが快適に仕事や生活ができるスペース。（スタッフ・スペース）

1.3.7 図書館内に配架された以外の資料で、貴重な資料や保存が必要な古い資料などを収納するスペース。（保存・収納スペース）

1.3.8 図書館に所蔵された各種資料を、カード目録やコンピュータを利用して検索するためのスペース。（検索スペース）

1.3.9 ポスター類、文集、発表資料、模型、テーマ図書などを掲示したり、展示したりするためのスペース。（展示スペース）

写真12　ブラウジングコーナー（中学校）

　1．3．10　児童生徒図書委員会が日常的に活発な活動を展開するためのスペース。（図書委員会スペース）

　1．3．11　教職員が授業のために図書館で研究したり、図書館資料を使って教材研究したりするスペース。（教職員の研究スペース）

　1．3．12　児童生徒および教職員が図書館資料を利用して、授業などで使う発表物や教材を制作するためのスペース。（制作スペース）

　1．3．13　各スペースを利用するために往来する通路スペース。（交通部分）

第6章　資料・情報の提供────79

3 貸出

　自校の貸出冊数と貸出期間をときおり顧みることもしましょう。

　以前は、借りる本のかわりに、書架に差し込む氏名が書いてある「代本板」という板を使用している学校が多くありました。借りた本を元の位置に戻す指導のもとに、使用していました。したがって、借りる冊数も1冊だったり、代本板を1人2枚用意したりしていました。しかし、代本板によって、いままでそこにあった本は誰が借りているのか、個人がどんな分類の本を借りているのか一目でわかってしまいます。いまでは、個人情報を重視する観点からも代本板は使っていません。また、本があった場所を覚えてもらい、返却時に元の場所に返す指導よりも、ラベルを見て、分類記号・図書記号順に正しい場所に戻す指導が重要です。まだ、代本板を使用している学校は、管理職にも相談して貸出方法を変えましょう。

　貸出冊数は、複数に、できれば3冊以上にしたほうがいいかもしれません。本人が読みたい本のほかに、課題図書や推薦図書から、あるいは読み物、学習に関連した本を借りるなど、発達段階に応じた読書の指導に結び付きます。例えば、4冊まで貸し出している小学校では、2冊は読み物を借りることにして、漫画や迷路の本などとともに、長篇の読み物も楽しめる児童が育っているといいます。ある特別支援学級では、好きな本を1冊、物語・読み物を1冊、今日のテーマの本を1冊借りるという指導をしているという報告を聞いたことがあります。

　一例を挙げましょう。これは私が経験した事例です。あるとき、その小学校の1年生が『ハリー・ポッター』シリーズ（J・K・ローリング、全7巻、松岡佑子訳、静山社、1999—2008年）の1冊を借りたいと持ってきました。「これは、もう少しお兄さんになってから借りよう」と私が声をかけても、「読める」と言って譲りません。当時人気が高かった『ハリー・ポッター』の本を学校図書館で見つけ、読めなくても持っていたかったようです。また1年中、お気に入りの鳥の本をずっと借りている児童もいました。普通はなかなか動

かない本だったので、必要なとき以外は貸し出していました。その子はお気に入りの本をいつも持っていたかったようです。複数冊貸し出せるのであれば、お気に入りの1冊ばかりを借りようとする子がいても悪くはないでしょう。「『ハリー・ポッター』も貸してあげるから、1週間で読みきれるようなもう少し薄くて字が大きい本や絵本も借りようね」とお薦めの本を紹介することによって、その子は学年相当の読書もできるようになりました。

　学校図書館は貸出も指導の一環だと思っています。怖いお話ばかり借りている児童には、「心がほっとするような本も借りてごらん」と助言したり、人気のシリーズものが一定の個人だけにしか貸し出されない弊害を防ぐために、同じシリーズは1人2冊までにしたりなど、学校の実情や児童・生徒の状況に合わせて指導することも大切です。複数冊借りられれば、借りたい本をあきらめないで別の本も借りられ、読書の幅が広がる一因になるでしょう。

　中学校や高等学校でも、ライトノベルや偏った読書傾向による本ばかり好きに任せて読ませるのではなく、教科書に紹介されている本や、教員が薦める本も読むような指導が必要です。そのためにも、複数冊借りられることは大切なのではないでしょうか。

　小学校高学年や中学校・高等学校では、本を借りる時間がとれず、休み時間や昼休みだけしか学校図書館を利用していない児童・生徒もいるという現状は看過できません。学校図書館で本を借りることは、本と出合い、読書の幅を広げ、豊かな読書生活につながります。学校では、本を借りたり返したりする時間の確保が重要です。忙しい学校生活のなかで、学校図書館に興味・関心がある児童・生徒だけが利用するのでは、「健全な教養を育成する」学校図書館の目的は達成できず、「読書に親しませ、生活に必要な国語を正しく理解し、使用する基礎的な能力を養う」指導も十分にはできません。

　例えば、教室で「さようなら」をしたあとに全員で学校図書館に移動し、本を返して借りた者から帰るといった実践や、ローテーションを組んで朝読書を学校図書館で実施し、貸出・返却もおこなうといった工夫をしている学校もあるそうです。

　学校司書の支援のもとに、教員が動いて学校としての工夫をどんどんしていきたいものです。

第6章　資料・情報の提供────81

4 予約

　学校図書館資料の管理を電算化すると、予約が容易にできるようになります。

　予約は、ほしい資料が借りられていて目の前になくても、返却を待って、手に入れることができます。公共図書館の資料を WEB-OPAC で検索して予約するように、学校内でイントラネットを組んでいれば、教室で検索して、予約することもできます。

　小学校低学年では、予約することそのものが面白いようです。そのためか、予約ができるようになったある小学校では、本を借りるときに「読みたい本がない」と言う児童がいなくなったそうです。

　予約に関する決まりも学校図書館案内に記載します。本を1人で何冊もキープすることがないように予約冊数の上限を決めたり、目の前にある本は、予約でキープせず借りる約束にするルールを作ったりします。また、予約本が確保できたときに本人に知らせる体制も必要です。書名を書いて、張り出して知らせる方法、予約した本が用意できたことをカードに書いて本人に渡す方法など、学校に応じて決めるといいでしょう。

　予約ができると、次に読みたい本があるという児童・生徒が増え、より主体的な読書になるようです。また、人気の新着本が入ったときは、予約制度がないと、初めに借りた人が返却すると同じクラスの人が次に借り、同じクラスのなかでしか本が回らなくなる現象が起こりします。そうなると、新着本の紹介を見て借りたいと思っても、いつまで待っても書架に戻ってきません。予約ができると、人気の本が1つのクラスにとどまっていることがなくなります。

　近年は、学校図書館と公共図書館のネットワーク化が進み、蔵書管理ソフトで予約すると、学校図書館にあってもなくても公共図書館から予約本が届いてしまうという事例も報告されています。ネットワーク化も、実施しながら改善することが必要でしょう。

5　資料紹介・案内

　読書の質を高めるには、お薦めの本を紹介するなど本との出合いを設定することが大切です。朝読書や国語の時間に、学校司書が教室に出向いてブックトークを実施している中学校もあります。ブックトークや本の紹介などのパブリックサービスのほか、展示や掲示、「図書館だより」などでの紹介も効果的です。学習支援での資料紹介では、ブックリストやパスファインダーが活用されています。

「こんな資料がほしい」「こんな資料を探している」という利用者の求めに応じて資料や情報を案内するレファレンスサービスは、学校司書の腕の見せどころです。どの学年がどんな学習をしているのか、教員との連携や「学年だより」の閲覧などで把握しておくとレファレンスの役に立ちます。学校図書館では、「何か面白い本はないですか?」という児童・生徒の声に応えられることも大切です。

　学校図書館外の情報も案内する場合があります。これをレフェラルサービスといいます。近年、公共図書館でおこなわれている特定の主題や領域に関する情報を図書館側から提供するカレントアウェアネスサービスも学校図書館に応用してみましょう。例えば、各学年や教科に応じた新着本や情報を教員一人ひとりに合わせて個別に紹介することも利用の促進につながります。

　展示や掲示などの環境整備は第3章、レファレンスサービスは第9章も参照してください。

注

（1）　全国学校図書館協議会「学校図書館施設基準」（http://www.j-sla.or.jp/material/kijun/post-38.html）〔2018年2月26日アクセス〕

（2）　学校図書館法第2条

（3）　学校教育法第21条5

第7章　児童・生徒への読書支援

本章では、学校教育で読書をどのようにとらえるかについて述べたうえで、主な読書活動を概観します。読書の指導については、拙著『読書の指導と学校図書館』に詳しく書いています。

1　読書とは

読書とはどんな行為かを考えると、例えば『広辞苑 第6版』（新村出編、岩波書店、2008年）では、読書は「書物を読むこと」、書物は「文字や図画などを書き、または印刷して1冊に綴じたもの。本。書籍。図書。転籍」とあります。また2004年2月3日の文化審議会答申「これからの時代に求められる国語力について」のなかの「国語力を身に付けるための読書活動の在り方」で、「ここでいう読書とは、文学作品を読むことに限らず、自然科学・社会科学関係の本や新聞・雑誌を読んだり、何かを調べるために関係する本を読んだりすることなども含めたものである」と読書を規定しています。この読書の規定は、学習指導要領に反映され、「中学校学習指導要領解説 国語編」にも「なお、読書とは、本を読むことに加え、新聞、雑誌を読んだり、何かを調べるために関係する資料を読んだりすることを含んでいる」とあります。

さらに、2007年に改正された学校教育法には、「第2章義務教育」第21条に義務教育の目標が10項目記されていて、「5　読書に親しませ、生活に必

要な国語を正しく理解し、使用する基礎的な能力を養うこと」とあります。学校図書館法第2条の「学校の教育課程の展開に寄与する」「児童又は生徒の健全な教養を育成する」という学校図書館の目的に鑑みて、学校教育、特に義務教育での読書は、余暇時間に読む自由な読書だけではなく、「健全な教養を育成」し、「生活に必要な国語を正しく理解し、使用する基礎的な能力」を育成することも含みます。

　学校教育で、何かを調べるために部分的に図書・新聞・雑誌などを読むことも読書と考え、その指導も必要になります。1冊の図書を作者の構成に従って読み通す力、特に長文を読み通す力の育成も重要です。読書の指導には、何をどう読ませるかも大切です。学校教育では、これらを児童・生徒の発達段階に応じて、意図的・計画的に指導する必要があります。

2 「第3次子どもの読書活動の推進に関する　基本的な計画」

　第2章で述べたように、学校教育で読書は意図的・計画的に指導されます。「第3次子どもの読書活動の推進に関する基本的な計画」⁽²⁾では、「子どもの読書活動の推進における学校の役割」で以下のことを述べています。

　・全ての子どもの読書活動を支援すること
　・読書の量を増やすことのみならず、読書の質をも高めていくこと
　・学習指導要領等を踏まえた積極的な読書活動の推進に取り組むこと
　・小学校・中学校・高等学校等の各学校段階において、様々な図書に触れる機会を確保すること
　・国語科を中核としつつ、全ての教科等を通じて、児童生徒の発達の段階に応じた体系的な読書指導を推進すること
　・各教科等における学校図書館を活用した学習活動や、日々の読書指導の充実を図っていくこと
などです。

　さらに、「各学校においては、言語活動の充実を図る学習指導要領の趣旨を踏まえ、各教科等において学校図書館の活用を拡大し、言語に関する能力

の育成や、人間形成や情操の涵養に重要な読書活動を推進することが要請される。このような認識を学校全体で共有し、様々な文章や資料を読んだり調べたりするなど多様な読書活動を各教科等の指導計画に位置付けることにより、国語科を中核としつつ、全ての教科等を通じて、児童生徒の発達の段階に応じた体系的な読書指導を推進する」と記述し、各教科などでの読書活動を重視しています。

　学校司書や司書教諭の読書活動への支援を考えた場合、広い意味では、各教科学習への支援と重なるでしょう。加えて学校図書館の性格上、読書活動は教育活動と切り離せません。また、図書以外の学校図書館資料の活用支援も必要です。これらは次章で扱うことにし、本章では主に本を読むことに対する支援について取り上げます。

3　本との出合いを作る

3-1　本と出合える学校図書館

　学校図書館を「読書センター」として居心地がよく、本との出合いがある場に整備することは、読書活動への支援の大事な側面です。多くの本がびっしり詰まっているだけでは、本の魅力は伝わりません。

　まず、第一に、図書資料の更新を計画的におこないます（第4章を参照）。古い本を書架から取り除き、分類記号や図書記号の切れ目で空間を作り、新たに購入した図書を排架する余地も残します。できた空間には、写真13のように表紙が見えるように本を展示すると、興味を引きやすくなります。

　学校図書館を中心的に運営している人が自分の考えで多くの別置をおこなうと、利用者は、どこにどんな本があるのかわからなくなってしまいます。そこで何カ所かに展示のスペースを作って、季節や学校行事などに関連した図書を展示すると、展示された本との出合いが生まれます。先生のお薦めのコーナーや図書委員のお薦めのコーナーは、多くの学校図書館で目にします。

　お薦めの本の表紙（カバー）をコピーして掲示することが可能かどうかは、出版社に許諾を得る必要があります。インターネットサイトに出版物の表紙

写真13　本の表紙が見える書架（小学校）

（カバー）のコピーの可否を掲載している出版社もあります。出版社のサイトで調べてから、問い合わせるといいでしょう。

3-2　校舎内で本と出合う

　学校図書館以外でも、本との出合いの場を工夫している学校が多くあります。

　推薦図書などを廊下に展示したり、特別教室に展示したりして、校内のいろいろな場所でお気に入りの本と出合えるチャンスを作りましょう。

　写真14は、階段の踊り場を利用して、学校図書館へ誘う展示や掲示をおこなっている小学校の例です。

　養護教諭が、保健指導用の保健室前の掲示・展示スペースに、学校図書館資料も展示している学校もあります。

写真14　階段の踊り場を利用した展示（小学校）

3-3　教室で本と出合う

　学年・学級文庫は多くの学校で設置していますが、学校図書館の蔵書と学年・学級文庫との関連は学校によって異なります。　第1は、学校図書館の学年・学級分館として位置づけ、常に学年・学級に置く方法です。ラベルに別置記号を付けて、設置場所を学年や学級として蔵書管理をします。
　第2は、必要に応じて、学年や学級に貸し出す方法です。冊数や期間も学年・学級用に別規定を設けます。
　第3は、学校図書館の蔵書とは切り離して、寄贈図書や除籍図書などからなる学年・学級文庫を作る方法です。
　長所と短所を考え、学校図書館経営の一つとして学校図書館部で提案しましょう。
　実際には、第1または第2のどちらかの方法で学校図書館資料を活用しな

表8　学年・学級文庫の設置の仕方

学校図書館の学級分館と位置づけ、設置場所を学年や学級とする	長所	①学級文庫の図書を活用したり読んだりすることを学校図書館利用と位置づけることができる ②身近な場所に必要な本や学年相応の図書がある
	短所	①置きっ放しになってしまうと、学校図書館や他学年用に副本を購入しなければならない ②図書の入れ替えごとに設置場所を登録し直さなければならない ③他学年の児童・生徒が利用しづらい
学年・学級貸出をする	長所	①必要に応じて、教室近くに図書を置くことができる ②読み物は、定期的に入れ替えることによって新鮮さがある
	短所	①学年や学級に貸出中は、他学年が利用できない ②学校司書に集めてもらった資料だけで調べたり、学校図書館に足が向かなくなってしまったりの懸念がある
学校図書館の蔵書とは切り離して、寄贈図書や除籍図書などを置く	長所	①学級文庫の図書は、蔵書点検や払い出し作業などをしなくていい ②利用可能な学校図書館の蔵書や副本を除籍した後の再利用として活用できる
	短所	①古い本だらけの書架になるおそれがある

がら、第3の方法も取り入れているのが現状でしょう。

　教室の近くには、公共図書館からの団体貸出資料や、学年の指定図書・推薦図書などを置くこともあります。児童・生徒の委員や係が積極的に学年・学級文庫の活用推進や管理をおこない、さらに学校図書館の活用につながるよう学校図書館側からもはたらきかけるといいでしょう。

4　読み聞かせ、ブックトーク、ストーリーテリング

　読み聞かせとブックトークは、学校司書や司書教諭が知っておかなければならない代表的な読書活動です。読み聞かせは、すべての教員におこなってほしい読書活動です。ブックトークは、図書資料の知識がある程度ないと難しいですし、準備に時間もかかります。学校司書や司書教諭は日常的に本に親しみ、依頼されたテーマでブックトークができるよう本を探すことができる技能を身に付けていることが必要です。

読み聞かせ、ブックトーク、ストーリーテリングなどのさまざまな読書活動は、拙著『読書の指導と学校図書館』、黒澤浩ほか編『新・こどもの本と読書の事典』（ポプラ社、2004年）などを参照してください。

4-1　読み聞かせ

　読み聞かせは、本があれば、いつでもどこでも、かつ誰でもできる、子どもと本をつなぐ手法です。

　読み聞かせで大切にしたいことは、読み手と聞き手が同じ空間で作品世界を共有し合い、ともに味わうということです。読んで聞かせるのではないとして、「読みきかせ」「よみきかせ」「読み語り」など、その人の思いをこめた呼び方をする人もいます。

　絵がよく見えるようにとプロジェクターで絵本を映したり、工夫して小道具を使ったり、音楽を入れたりすると、それは1冊の本を共有する読み聞かせとは世界が違ってしまいます。集会などでプロジェクターで映写したり、歌や楽器を入れたりする手法は、それ自体効果があり楽しい活動ですが、読み聞かせとは異なる別の活動ととらえる必要があります。

　なお、プロジェクターで絵本を拡大して読み聞かせをすることは、絵本の絵や文章を変形して使用することになり、著作権者の許諾が必要です。

　また、声色を使ったり動作を入れたりすると、読み手が演者に変身してしまいます。そうなると、聞き手の視線は、本ではなく演者に注がれます。聞き手は、本ではなく、演者のパフォーマンスを楽しむことになってしまいます。かといって、棒読みのような読み方では、本の世界は伝わりません。本の世界を理解し、練習して、聞き手とともに本の世界を楽しみましょう。

4-2　ブックトーク

　ブックトークとは、1冊1冊の本をばらばらに紹介するのではなく、1つのテーマのもとに数冊の本をキーワードでつなぎ、順序立てて紹介する方法です。ブックトークは、「読んでみたいな」という気持ちをもたせることが大切です。

　あらすじを話す必要はありませんが、キャッチフレーズだけを紹介するの

写真15　学校司書によるブックトーク

ではなく、本の世界に一歩入って、その世界をちょっとだけ味わってもらいます。文学作品以外でも、どんなことが載っているのかについて少しだけも知ると、その本の全体像が想像できます。

　ブックトークは、読み物の紹介だけでなく、調べ物の資料紹介にも使える手法です。

　国語の教科書が紹介している図書を学校図書館で展示したり、学年・学級貸出で教室に置いたりすることによって、児童・生徒が対象図書を手に取りやすくなります。さらに、ブックトークなどでその本の世界に一歩足を踏み入れさせることによって、読んでみたい気持ちが湧いてきます。教科書に紹介してある図書だけでなく、関連する本を数冊足して、さらに読書の幅を広げさせることもできます。

　学習計画を立てる場合、読書活動を取り入れると指導時間が足りなくなる

と言う教員がいますが、単元の流れのなかで10分でも15分でも本を紹介する時間を計画し、その時間だけ学校司書が教室に出向いていくことも可能です。

4-3　ストーリーテリング

　ストーリーテリングとは、素話、お話とも呼ばれています。公共図書館の児童サービスや地域の文庫活動などで広まっていったストーリーテリングは、読書につながる手法として、語り手が物語をすっかり覚え、本を見ないで自分のものとして語ります。

　まだ絵本や読み物が普及していなかった時代、親から子へ、子から孫へと昔話が語られ、それぞれの家に伝わるお話もあるでしょう。

　ストーリーテリングも、声色を使ったり、おおげさに身ぶり手ぶりを加えたりせず、読み聞かせ同様、しっかり読み込んで、お話を自分なりに理解してゆっくり、かつはっきりと丁寧に、自然に表現します。

　耳からだけの読書ですから、昔話のように起承転結がはっきりしている話が聞き手にとってはわかりやすいでしょう。

5　さまざまな読書活動

　読み聞かせやブックトーク以外にも、利用者と図書資料とをつなぐ読書活動がさまざまに工夫され、おこなわれています。

　学校での読書活動は、活動の目的をはっきりさせることが大切です。読書に親しませるため、また、読書の幅を広げるために、発達段階に応じた図書を紹介します。読書を通じて考えたり表現したりする活動もおこなわれています。

　また、学習指導の一環として、各教科などでおこなわれる読書活動、全校児童・生徒を対象としておこなわれる読書活動、学校図書館主催で興味をもった児童・生徒が自由に参加できる読書活動などがあります。

5-1　ビブリオバトル

　ビブリオバトルは、発表者が読んで面白いと思った本を持って集まり、順番に本を紹介します。公式ルールでは5分間としています。それぞれの発表のあとに参加者全員でその発表に関するディスカッションを2、3分おこない、すべての発表が終了したあとにいちばん読みたくなった本に投票をします。最多票を集めた本を「チャンプ本」とする書評合戦です。

　谷口忠大が2007年に京都大学大学院情報学研究科で始め、10年にビブリオバトル普及委員会が誕生し、大型書店や大学図書館で取り上げられ、学校図書館でも急速に広がっていきました。[3]

5-2　本の福袋

　関連する2冊の本を1セットとして包装し、そこに本の内容を紹介するキャッチコピーをつけます。児童・生徒は、そのキャッチコピーで読みたいセットを選びます。本を借りるときは、バーコードが使えませんから番号の札に自分の学年・学級・氏名を書いてカウンターに提出します。学校司書は、あらかじめ書名と番号をリスト化しておくとしっかり管理できます。

　同じセットがほしい人が重なってしまった場合は、じゃんけんなどで譲り合います。人数分以上のセットを作っておくことによって、最後の1人まで残り物ではなく選ぶことができます。

　近年では、図書館や書店でも、表紙を隠してキャッチコピーを記す試みがされ、好評のようです。

5-3　パネルシアター、エプロンシアター

　ネルのような特別な布を張ったパネルに不織布で作った登場人物などを貼り、歌や物語を展開していくパネルシアター、エプロンを舞台としてフェルトなどで作った人形を動かすエプロンシアターなども読書活動に利用できます。

　パネルシアターやエプロンシアターは、著作権の侵害をしないような作品を作ることが大切です。

5-4　読書マラソン

　読んだ本の冊数やページ数を競い、多読をねらいとします。絵本や簡単な幼年童話を読むことが中心の小学校低学年では、読んだ本の冊数を記録することが多いのですが、小学校中学年以上は読んだページ数を記録するほうがいいでしょう。

　読書の幅を広げさせることもねらいにしたい場合は、記録する用紙などにお薦めの本を読んだら書き込める欄を作ったり鉄道線路の絵や日本地図など、冊数やページ数を記録する欄も工夫すると楽しんで取り組むことができます。

　読書月間など一定の期間を区切って、学年ごとにいちばん多く読んだ人を図書委員会が表彰するという報告もあります。

5-5　読書ビンゴ

「ビンゴゲーム」のような9マスのそれぞれに、どんな本を読むかを記します。例えば「科学読み物」「椋鳩十の本」など課題を記し、課題に合う本を読んだら、書名や書誌事項をマスのなかに書き込みます。縦・横・斜めどれか1列そろったら、例えば栞がもらえたり、全部埋めたら賞状がもらえたりなど、小さな景品をつけると意欲が高まります。ある中学校では、規定以上にもう1冊借りられる券が好評だそうです。

　どんな本を読ませるかは、教員や図書委員と相談して決めるとアイデアが広がり、各教科などの学習に関連がある課題を載せると効果的です。

5-6　ブックメニュー

　学校司書や司書教諭と、栄養士の協働でおこなっている「ブックメニュー」の例を紹介します。

　栄養士は、学校図書館にある本に登場する料理や食材を使って献立を考えます。そのためには、学校司書が給食回数以上の数の料理や食材が登場する本を調査します。毎月1回おこなっている事例や読書週間のなかで2、3日おこなっているケースもありますが、読書月間の1カ月間という学校もあります。

献立と紹介する本が決まったら、学校司書は本の紹介文を書きます。給食の献立表に関連する本の紹介を掲載したり、学校図書館に展示したりするといいでしょう。最近は、給食のメニューを写真付きでウェブサイトに掲載する学校が増えていますが、読書月間の給食の紹介には、給食の写真、今日の献立、食材の産地のほか、その日の給食に関係する本を掲載している学校もあります。

6　課題図書・推薦図書

　発達段階に応じた図書の紹介方法に課題図書や推薦図書を設ける方法があります。
「○○市の推薦図書」「○○小学校の○○冊」「○○中学校の○○冊」「校長先生のおすすめ」など、推薦図書を選定している地域や学校もあります。「第3次子どもの読書活動の推進に関する基本的な計画[4]」の「児童生徒の読書習慣の確立・読書指導の充実」の取り組みの具体例の一つに、「学校において推薦図書コーナーを設けること」が挙げられています。

　ある中学校では、学年ごとに課題図書を数冊、推薦図書を30冊から40冊ぐらい選定し、学校図書館に課題図書・推薦図書のコーナーを作っています。課題図書は数冊、推薦図書は2冊ずつ複本で排架してあります。

　全国学校図書館協議会では、青少年読書感想文全国コンクール課題図書や、読書感想画中央コンクール指定図書、夏休みの本（緑陰図書）などを毎年選定し、ウェブサイトなどで公開しています[5]。これらを紹介したり、参考にして選書したりするといいでしょう。

　ほかにもさまざまな読書活動がおこなわれています。学校司書や司書教諭は、いろいろな活動を知識としてもち、学校図書館でおこなったり教員に紹介したり、自らアイデアを出したりしましょう。

　学校司書と司書教諭、学校図書館主任、学校図書館担当教員は、常に協働と連携を忘れず、各教科などでの読書活動には学校司書の支援、学校図書館のイベントには教員への呼びかけを心がけましょう。

第7章　児童・生徒への読書支援───95

7　レファレンス

　利用者を資料に案内する中心的な業務にレファレンスサービスがあります。
レファレンスサービスとは、「何らかの情報あるいは資料を求めている図
書館利用者に対して、図書館員が仲介的立場から求められている情報あるい
は資料を提供ないし提示することによって援助すること、およびそれにかか
わる諸業務」(『図書館情報学用語辞典 第4版』)と定義されています。ちなみ
に「ミニトマトの育て方が載っている本、ありますか?」などという比較的
単純な質問から、調べるのに数日かかるような質問までさまざまです。

　資料探しという目的をもってカウンターまできて、「○○の資料はありま
せんか?」と聞いてくる児童・生徒もいます。また、書架のあたりでなんと
なく「面白い本ない?」などと声をかけてくる場合もあります。どんな本が
読みたいのかを問うことも大切ですが、学校図書館では、一人ひとりの読書
傾向をつかんで、個に応じて本の紹介をすることも必要です。大事なことは、
守秘義務を守ることです。

注

(1)　文部科学省「中学校学習指導要領解説 国語編」2017年6月、24ページ
　　(http://www.mext.go.jp/component/a_menu/education/micro_detail/__icsFiles/
　　afieldfile/2017/10/13/1387018_2.pdf)［2018年2月26日アクセス］
(2)　前掲「第3次子どもの読書活動の推進に関する基本的な計画」
(3)　谷口忠大『ビブリオバトル──本を知り人を知る書評ゲーム』(文春新書)、
　　文藝春秋、2013年
(4)　前掲「第3次子どもの読書活動の推進に関する基本的な計画」
(5)　全国学校図書館協議会「第63回　青少年読書感想文全国コンクール」
　　(http://www.j-sla.or.jp/contest/youngr/)［2018年2月26日アクセス］、全国学
　　校図書館協議会「第29回　読書感想画中央コンクール」(http://www.j-sla.
　　or.jp/contest/reading/)［2018年2月26日アクセス］、全国学校図書館協議会

「夏休みの本（緑陰図書）」（http://www.j-sla.or.jp/about/about-000334.html）
［2018年2月26日アクセス］

第8章　各教科などの学習への支援

1　学習指導要領と学校図書館

1-1　OECDによる生徒の学習到達度調査（PISA）

　OECD（経済協力開発機構）は、生徒の学習到達度調査（PISA）を2000年から3年ごとに、15歳を対象に読解リテラシー・数学的リテラシー・科学的リテラシーの3分野について実施しています。15年には、筆記型調査からコンピューター使用型調査になりました。

　OECDは、個人の人生の成功と社会の持続的発展をねらいとする能力育成のプロジェクト報告を2003年に刊行し、①異質な集団で交流する、②自律的に活動する、③相互作用的に道具を用いる、というキー・コンピテンシー（カギとなる能力）の概念を示しました。「相互作用的に道具を用いる」とは、言語・記号・文書・知識や情報・技術などを道具として活用することです。

　わが国では、2006年12月に60年ぶりに教育基本法が改正され、翌07年6月には、「学校教育法」「地方教育行政の組織及び運営に関する法律」「教育職員免許法及び教育公務員特例法」の教育3法が改正されました。学校教育法「第4章　小学校」第30条第2項には、「生涯にわたり学習する基盤が培われるよう、基礎的な知識及び技能を習得させるとともに、これらを活用して課題を解決するために必要な思考力、判断力、表現力その他の能力をはぐくみ、主体的に学習に取り組む態度を養うことに、特に意を用いなければならな

い」と記され、中学校・高等学校でも「準用」としています。

　これを受けて、中央教育審議会（以下、中教審と略記）は、2008年1月の答申で、学習指導要領改訂にあたって充実すべき重要事項6点を示しました。

　①各教科における言語活動

　②理数教育

　③伝統文化

　④道徳

　⑤体験活動

　⑥外国語活動

　特に「各教科における言語活動」では、学習を支える条件として以下の3点を示しました。

　第1　教科書の工夫

　第2　読書活動の推進

　第3　学校図書館の活用や言語環境の整備

　　・辞書・新聞・図書館の利用などの指導

　　・様々なメディアの適切な利用

　そして、2008年3月に小・中学校の学習指導要領と幼稚園教育要領が、09年3月に高等学校・特別支援学校の学習指導要領が改訂されました。

1-2　2008年版学習指導要領と学校図書館

　図4は、学校図書館の立場から現行学習指導要領をとらえた図です。

　知識基盤社会と言われる現在、学習指導要領改訂にあたって充実すべき重要事項の第一が言語活動でした。そのなかで、特に学校図書館に関わる部分は、読書活動の推進、学校図書館の活用、言語環境の整備です。現行の2008年版学習指導要領は、「生きる力の育成」を1998年版学習指導要領から引き継いでいます。

知識基盤社会とは

　「平成17年の中央教育審議会答申（「我が国の高等教育の将来像」）が指摘し、「21世紀は、新しい知識・情報・技術が政治・経済・文化をはじめ

社会のあらゆる領域での活動の基盤として飛躍的に重要性を増す、いわゆる「知識基盤社会」(knowledge-based society) の時代であると言われている。「知識基盤社会」の特質としては、例えば、①知識には国境がなく、グローバル化が一層進む、②知識は日進月歩であり、競争と技術革新が絶え間なく生まれる、③知識の進展は旧来のパラダイムの転換を伴うことが多く、幅広い知識と柔軟な思考力に基づく判断が一層重要になる、④性別や年齢を問わず参画することが促進される、などを挙げることができる[2]」としています。

「生きる力」とは
　知・徳・体のバランスがとれた力であり、「変化の激しいこれからの社会を生きるために、確かな学力、豊かな心、健やかな体の知・徳・体をバランスよく育てることが大切[3]」だと、文部科学省は述べています。

　さらに、中教審で「各教科での習得や活用と総合的な学習の時間を中心とした探究は、決して1つの方向で進むだけではなく、例えば、知識・技能の活用や探究がその習得を促進するなど、相互に関連し合って力を伸ばしていくものである[4]」と述べているように、知識・技能の習得はもちろんのこと、それらを活用して思考力・判断力・表現力を育み、さらに、主体的に個を生かして探究的な学習をおこなうという構造になっています。それを支える力として、読書の力と学校図書館の活用が重視されています。
　小学校学習指導要領総則「第4　指導計画の作成等に当たって配慮すべき事項」には、「学校図書館を計画的に利用しその機能の活用を図り、児童の主体的、意欲的な学習活動や読書活動を充実すること」とありますが、中学校、高等学校、特別支援学校でも同様の規定があります。
　日々の学習で学校図書館を活用することが当たり前でなければならないのに、教員の多くは、そのような教育を受けてこなかったために、日々教科書を「こなし」、ペーパーテストで点をとらせることが中心の学習指導をいまだにおこなっています。とはいえ、学校図書館の活用や、読書指導の必要性はおおむね理解されてきました。各教科などで、どのように学校図書館を活

図4　学習指導要領と学校図書館

用し、どのように読書指導をおこなうのか、学校図書館の専門家である学校司書や司書教諭が提案していくことは、価値ある仕事と言えます。また、公共図書館からの支援も今後ますます必要になることでしょう。

1-3　新学習指導要領と学校図書館

　2017年3月に、新学習指導要領が告示されました。「生きる力の育成」はそのまま引き継ぎ、さらに「主体的・対話的で深い学び」をうたっています。16年の中教審では、「習得・活用・探究」の学習の過程をさらに深めた「アクティブラーニング」が注目されていましたが、より具体的な表現になりました。このなかで、特に対話的な学びには「先哲の考え方を手掛かりに考える」ことと、読書による対話も含まれている点は注目に値します。

　2016年12月に中教審は、「幼稚園、小学校、中学校、高等学校及び特別支援学校の学習指導要領等の改善及び必要な方策等について（答申）」をとり

まとめました。そのなかで、学校図書館活用については、「「主体的・対話的な学び」の充実に向けては、読書活動のみならず、子供たちが学びを深めるために必要な資料（統計資料や新聞、画像や動画等も含む）の選択や情報の収集、教員の授業づくりや教材準備等を支える学校図書館の役割に期待が高まっている」とし、「公共図書館との連携など、地域との協働も図りつつ、その機能を充実させていくことが求められる。資料調査や、本物の芸術に触れる鑑賞の活動等を充実させる観点からは、博物館や美術館、劇場等との連携を積極的に図っていくことも重要である」と続けています。

　新小学校学習指導要領総則では、「第3節　教育課程の実施と学習評価」の1が「主体的・対話的で深い学びの実現に向けた授業改善」となっていて、(2)で読書活動の充実、(7)で学校図書館活用を示しています。中学校でも同様のことを記しています。

　新学習指導要領では、各学校での「カリキュラムマネジメント」も重視しています。学校図書館はますます必要不可欠な教育設備として活用されることが望まれています。各学校で学校図書館の活用を図り、教育計画に入れることが必要です。

新学習指導要領総則　第3節　教育課程の実施と学習評価

1　主体的・対話的で深い学びの実現に向けた授業改善

　(2) 第2の2の (1) に示す言語能力の育成を図るため、各学校において必要な言語環境を整えるとともに、国語科を要としつつ各教科等の特質に応じて、児童の言語活動を充実すること。あわせて、(7) に示すとおり読書活動を充実すること。

　(7) 学校図書館を計画的に利用しその機能の活用を図り、児童の主体的・対話的で深い学びの実現に向けた授業改善に生かすとともに、児童の自主的、自発的な学習活動や読書活動を充実すること。また、地域の図書館や博物館、美術館、劇場、音楽堂等の施設の活用を積極的に図り、資料を活用した情報の収集や鑑賞等の学習活動を充実すること。

　（小学校・中学校とも）

2　国語科と学校図書館活用、読書指導

2-1　学習指導要領国語での読書の扱い

　2008年1月の中央教育審議会答申では、「読書の指導については、目標をもって読書し、日常的に読書に親しむようにすることや図書館の利用の仕方などを内容に位置付ける」(小学校)、「読書の指導については、自分の読書生活を振り返り、日常的な読書をより豊かなものにすることや図書・資料の検索に図書館や情報機器を効果的に利用する仕方などを内容に位置付ける」(中学校)と、国語の「改善の具体的事項」に読書活動を位置づけています。

　学習指導要領では、各学年の目標の後半が読書の目標になっています。そして、その内容の「読むこと」には読書の指導内容を示し、指導事項にも学校図書館を活用した読書の指導事項を挙げています。

　さらに「指導計画の作成と内容の取扱い」に「第2の各学年の内容の「C読むこと」に関する指導については、読書意欲を高め、日常生活において読書活動を活発におこなうようにするとともに、ほかの教科における読書の指導や学校図書館における指導との関連を考えておこなうこと。学校図書館の利用に際しては、本の題名や種類などに注目したり、索引を利用して検索をしたりするなどにより、必要な本や資料を選ぶことができるように指導すること。なお、児童の読む図書については、人間形成のため幅広く、偏りがないように配慮して選定すること」とあります。

　各教科などでの学校図書館活用、読書活動の推進にとって、その中核としての国語科での指導が重要です。

2-2　新学習指導要領での学校図書館活用と読書

　新学習指導要領は、「知識及び技能」「思考力、判断力、表現力等」「学びに向かう力、人間性等」の3つの柱に沿った資質・能力の整理をふまえ、「学びに向かう力、人間性等」については、教科と学年などの目標においてまとめて示すことにして、内容を「知識及び技能」と「思考力、判断力、表

第8章　各教科などの学習への支援━━━103

表9　学習指導要領国語の各学年の目標（3）後半部

学　　年	各学年の目標（3）後半部
小学校第1学年及び第2学年	楽しんで読書しようとする態度を育てる。
小学校第3学年及び第4学年	幅広く読書しようとする態度を育てる。
小学校第5学年及び第6学年	読書を通して考えを広げたり深めたりしようとする態度を育てる。
中学校第1学年	読書を通してものの見方や考え方を広げようとする態度を育てる。
中学校第2学年	読書を生活に役立てようとする態度を育てる。
中学校第3学年	読書を通して自己を向上させようとする態度を育てる。

表10　学習指導要領国語の内容「読むこと」の読書指導に関する事項

学　　年	内容Ｃ読むこと（1）指導内容
小学校第1学年及び第2学年	オ　文章の内容と自分の経験とを結び付けて、自分の思いや考えをまとめ、発表し合うこと。 カ　楽しんだり知識を得たりするために、本や文章を選んで読むこと。
小学校第3学年及び第4学年	オ　文章を読んで考えたことを発表し合い、一人一人の感じ方について違いのあることに気付くこと。 カ　目的に応じて、いろいろな本や文章を選んで読むこと。
小学校第5学年及び第6学年	オ　本や文章を読んで考えたことを発表し合い、自分の考えを広げたり深めたりすること。 カ　目的に応じて、複数の本や文章などを選んで比べて読むこと。
中学校第1学年	オ　文章に表れているものの見方や考え方をとらえ、自分のものの見方や考え方を広くすること。 カ　本や文章などから必要な情報を集めるための方法を身に付け、目的に応じて必要な情報を読み取ること。
中学校第2学年	エ　文章に表れているものの見方や考え方について、知識や体験と関連付けて自分の考えをもつこと。 オ　多様な方法で選んだ本や文章などから適切な情報を得て、自分の考えをまとめること。
中学校第3学年	エ　文章を読んで人間、社会、自然などについて考え、自分の意見をもつこと。 オ　目的に応じて本や文章などを読み、知識を広げたり、自分の考えを深めたりすること。
高等学校　国語総合	オ　幅広く本や文章を読み、情報を得て用いたり、ものの見方、感じ方、考え方を豊かにしたりすること。

表11　学習指導要領国語の内容「読むこと」の言語活動の例

学　　　年	内容C読むこと（2）言語活動の例
小学校第1学年及び第2学年	ア　本や文章を楽しんだり、想像を広げたりしながら読むこと。 イ　物語の読み聞かせを聞いたり、物語を演じたりすること。 ウ　事物の仕組みなどについて説明した本や文章を読むこと。 エ　物語や、科学的なことについて書いた本や文章を読んで、感想を書くこと。 オ　読んだ本について、好きなところを紹介すること。
小学校第3学年及び第4学年	ア　物語や詩を読み、感想を述べ合うこと。 イ　記録や報告の文章、図鑑や事典などを読んで利用すること。 ウ　記録や報告の文章を読んでまとめたものを読み合うこと。 エ　紹介したい本を取り上げて説明すること。 オ　必要な情報を得るために、読んだ内容に関連した他の本や文章などを読むこと。
小学校第5学年及び第6学年	ア　伝記を読み、自分の生き方について考えること。 イ　自分の課題を解決するために、意見を述べた文章や解説の文章などを利用すること。 ウ　編集の仕方や記事の書き方に注意して新聞を読むこと。 エ　本を読んで推薦の文章を書くこと。
中学校第1学年	ア　様々な種類の文章を音読したり朗読したりすること。 イ　文章と図表などとの関連を考えながら、説明や記録の文章を読むこと。 ウ　課題に沿って本を読み、必要に応じて引用して紹介すること。
中学校第2学年	ア　詩歌や物語などを読み、内容や表現の仕方について感想を交流すること。 イ　説明や評論などの文章を読み、内容や表現の仕方について自分の考えを述べること。 ウ　新聞やインターネット、学校図書館等の施設などを活用して得た情報を比較すること。
中学校第3学年	ア　物語や小説などを読んで批評すること。 イ　論説や報道などに盛り込まれた情報を比較して読むこと。 ウ　自分の読書生活を振り返り、本の選び方や読み方について考えること。
高等学校　国語総合	イ　文字、音声、画像などのメディアによって表現された情報を、課題に応じて読み取り、取捨選択してまとめること。 ウ　現代の社会生活で必要とされている実用的な文章を読んで内容を理解し、自分の考えをもって話し合うこと。 エ　様々な文章を読み比べ、内容や表現の仕方について、感想を述べたり批評する文章を書いたりすること。

第8章　各教科などの学習への支援————105

現力等[(8)]」の構成にしています。

〔知識及び技能〕

（1）言葉の特徴や使い方に関する事項

（2）情報の扱い方に関する事項

（3）我が国の言語文化に関する事項

〔思考力、判断力、表現力等〕

A 話すこと・聞くこと

B 書くこと

C 読むこと

　中学校学習指導要領国語でも類似の記述がありますが、小学校学習指導要領国語には、「読書意欲を高め、日常生活において読書活動を活発に行うようにするとともに、他教科等の学習における読書の指導や学校図書館における指導との関連を考えて行うこと[(9)]」「第2の内容の指導に当たっては、学校図書館などを目的をもって計画的に利用しその機能の活用を図るようにすること[(10)]」などの記述があり、小学校全学年と中学校1年生で「学校図書館などを利用し」と明示したうえで、情報活用能力育成に関する言語活動について、読書の観点からだけでなく、学校図書館活用の点からも明示しています。

　国語には、教科書教材の学習以外にも年間を通じて継続指導することで効果が上がる指導事項があります。読書指導や作文指導などです。教科書教材の学習で学校図書館を活用することはもちろん、継続的に学校図書館を活用して読書の指導をおこなうよう、学校司書や司書教諭が支援したりはたらきかけたりすることが必要です。

2-3　各教科などでの学校図書館活用・読書指導

　現行学習指導要領の下で、国語は、教科書の内容に資料を使って調べる課題解決型の学習や、学校図書館・図書館の利用の仕方の学習を取り上げるようになりました。単元に関連した本の紹介のコーナーを設けたり、巻末にまとめて本を紹介したりもするようになりました。

表12 「新学習指導要領国語」から読書の目標と内容、学校図書館活用に関する記述（抜粋）

学年	読書の目標	内　　容	
		知識及び技能	思考力、判断力、表現力等
小学校 第1学年 及び 第2学年	楽しんで読書	昔話や神話・伝承などの読み聞かせを聞くなど読書に親しみ、いろいろな本があることを知る	イ　読み聞かせを聞いたり物語などを読んだりして、内容や感想などを伝え合ったり、演じたりする活動。 ウ　学校図書館などを利用し、図鑑や科学的なことについて書いた本などを読み、分かったことなどを説明する活動。
小学校 第3学年 及び 第4学年	幅広く読書	幅広く読書に親しみ、読書が、必要な知識や情報を得ることに役立つことに気付く	イ　詩や物語などを読み、内容を説明したり、考えたことなどを伝え合ったりする活動。 ウ　学校図書館などを利用し、事典や図鑑などから情報を得て、分かったことなどをまとめて説明する活動。
小学校 第5学年 及び 第6学年	進んで読書	日常的に読書に親しみ、読書が、自分の考えを広げることに役立つことに気付く	イ　詩や物語、伝記などを読み、内容を説明したり、自分の生き方などについて考えたことを伝え合ったりする活動。 ウ　学校図書館などを利用し、複数の本や新聞などを活用して、調べたり考えたりしたことを報告する活動。
中学校 第1学年	進んで読書	読書が、知識や情報を得たり、自分の考えを広げたりすることに役立つことを理解する	ア　説明や記録などの文章を読み、理解したことや考えたことを報告したり文章にまとめたりする活動。 イ　小説や随筆などを読み、考えたことなどを記録したり伝え合ったりする活動。 ウ　学校図書館などを利用し、多様な情報を得て、考えたことなどを報告したり資料にまとめたりする活動。
中学校 第2学年	読書を生活に役立て	本や文章などには、様々な立場や考え方が書かれていることを知り、自分の考えを広げたり深めたりする読書に生かす	ア　報告や解説などの文章を読み、理解したことや考えたことを説明したり文章にまとめたりする活動。 イ　詩歌や小説などを読み、引用して解説したり、考えたことなどを伝え合ったりする活動。 ウ　本や新聞、インターネットなどから集めた情報を活用し、出典を明らかにしながら、考えたことなどを説明したり提案したりする活動。
中学校 第3学年	読書を通して自己を向上	自分の生き方や社会との関わり方を支える読書の意義と効用について理解する	ア　論説や報道などの文章を比較するなどして読み、理解したことや考えたことについて討論したり文章にまとめたりする活動。 イ　詩歌や小説などを読み、批評したり、考えたことなどを伝え合ったりする活動。 ウ　実用的な文章を読み、実生活への生かし方を考える活動。

第8章　各教科などの学習への支援──────107

新学習指導要領では、より具体的に参考図書の使い方や図書館の利用の仕方を取り上げています。

小学校では、「図書の時間」と称して読み聞かせなどのあとに貸出・返却をして、「自由に」読書をする時間を設定している学校が多くあります。しかし、高学年では「図書の時間」をとる余裕がなくなり、中学校・高等学校になると、本の貸出・返却は授業ですることではないと、休み時間や放課後におこなっている学校がほとんどです。図書の時間は、長文を読む力をつける、発達段階に応じた本と出合うなど、目的をもってしっかり設定し、読書の指導をおこなうべきではないでしょうか。

国語以外の教科での学校図書館活用は、次のような場合が考えられます。
①学校図書館資料を利用する
 ・児童が調べる
 ・教師が資料を提示する
②学習の場として、学校図書館を活用する
③各教科の単元に関係する読書の指導をする

授業で学校図書館を活用してもらい、かつその利用を推進するには、学校司書が教員に授業支援のアンケートをとったり、はたらきかけたりすることで効果を上げています。同時に、司書教諭のはたらきかけが大切です。

注意すべきなのは、学校図書館を活用すること自体が目的ではなく、効果的に活用することで単元の目標を達成することです。

国語科を中核としながら、すべての教科などを通じて学校図書館の活用・読書の指導を推進するよう、教職員全員の認識が必要です。

3　学校司書や司書教諭の授業支援

授業で学校図書館を活用するために必要なのが、学校司書や司書教諭の授業支援です。

学習に必要な資料提供はもちろんのこと、情報活用能力育成のための指導事項には、図書館学の専門的知識も必要です。残念なことに、多くの教員は、

自身が学校図書館を活用した学習の未経験者であることが現状です。授業は
あくまでも教員がおこなうべきものですが、学校司書や司書教諭が図書館の
専門的知識を活用して授業に関わることが求められています。

　本書では、第11章「教職員への支援」で詳しく述べます。

4　特別活動での学校図書館活用

　小・中学校では学習指導要領特別活動での学級活動の内容に、高等学校で
はホームルームの内容に、学校図書館活用があります。

　小学校　学級活動2内容〔共通事項〕(2) 日常の生活や学習への適応及
　　　　　び健康安全
　　　　　　　オ　学校図書館の利用
　中学校　学級活動2内容 (3) 学業と進路
　　　　　　　イ　自主的な学習態度の形成と学校図書館の利用
　高等学校　ホームルーム2内容 (3) 学業と進路
　　　　　　　イ　主体的な学習態度の確立と学校図書館の利用

4-1　学級活動と学校図書館活用・読書指導

　現行の学習指導要領のもとでは、国語の教科書に図書館や学校図書館の利
用の仕方や参考図書の使い方などを取り上げています。新学習指導要領には
発達段階に応じた指導事項が記され、教科書でもより具体的に取り扱われる
ことが期待されます。

　学校図書館の利用指導は、国語または特別活動の時間に計画することが可
能です。新学習指導要領では、特別活動での学校図書館活用はキャリア教育
と結び付けられています。

　学習を進めるなかで、統合的に利用指導を組み込んで指導することにより、
学校図書館の活用法をすぐに学習に生かして身に付けることができます。総

第8章　各教科などの学習への支援────109

合的な学習の時間や各教科などのなかで指導することは可能なはずです。しかし、指導時間の制約があり、思うようにいかないのが現実でしょう。そこで、各教科学習の指導計画に国語や特別活動の時間を挟んで、学校図書館や学校図書館資料の利用指導をおこなうという工夫もされています。学校司書や司書教諭がゲストティーチャーとして講習をおこなうことは可能ですし、教員への協力や支援も必要でしょう。

　学級活動では、児童・生徒による主体的な活動として、さまざまな読書活動がおこなわれています。本の紹介、ビブリオバトル、文化祭への参加など、活動例や方法などでも気軽に学校司書や司書教諭に相談できる学校でありたいものです。

4-2　児童・生徒図書委員会の活動

　図書委員会の活動は、学校司書による支援も、同時に学校司書との連携も大切です。学校内の組織を決めるときには、司書教諭または学校図書館担当教員が必ず図書委員会の指導者になるよう配慮してほしいものです。

　図書委員会の活動は、カウンター業務や書架整理、本の修理などの手伝いをするといった当番活動や、図書館業務の補助になりがちですが、児童・生徒の創意工夫を生かした主体的な活動をしていくことを重視すべきです。

　広報活動としては「図書委員会だより」の作成、ポスターや栞作り、校内放送の利用などが挙げられます。図書委員会主催のイベントとして、読み聞かせや紙芝居の開催、クイズ大会やクイズの掲示、キャラクターや標語の募集などがあります。児童会・生徒会活動としての集会活動に図書委員会主催のものを入れ、毎年さまざまな活動をしている学校もたくさんあります。委員会で意見を出し合って何をしたらいいか決めますが、指導者がアイデアの引き出しをたくさんもって提示するとイメージが湧きやすく、話し合いが活発になります。学校司書もいろいろな活動例を知っていると、あらかじめ教員に紹介することができます。

　例えば、貸出ベスト5の紹介、読書週間期間内での最多貸出者や貸出学級の表彰、大型紙芝居やペープサート、劇、クイズ、プロジェクターを使用した本の紹介などは、よくおこなわれている集会の内容です。いい本なのにな

かなか借りられない学校図書館の本の紹介、日本十進分類法（NDC）の紹介、本の借り方・返し方やNDCの利用の仕方を動画で撮影して放映するなど、創意ある集会が考えられそうです。

　ある中学校では、生徒会役員会と図書委員会が協働で、読書週間に本の紹介をしているそうです。校内の生徒に呼びかけて文化祭で古本市をおこなっている図書委員会もあります。

　留意しなければならないのは、忙しい教員が図書委員会の指導を学校司書任せにすることがないように、日頃から学校司書と教員の連携のあり方を追求する姿勢をもつことでしょう。

注

(1)　中央教育審議会「幼稚園、小学校、中学校、高等学校及び特別支援学校の学習指導要領等の改善について（答申）」2008年1月17日、54ページ（http://www.mext.go.jp/b_menu/shingi/chukyo/chukyo0/toushin/__icsFiles/afieldfile/2009/05/12/1216828_1.pdf）［2018年2月26日アクセス］

(2)　同資料8ページ

(3)　文部科学省「現行学習指導要領の基本的な考え方」（http://www.mext.go.jp/a_menu/shotou/new-cs/idea/index.htm）［2018年2月26日アクセス］

(4)　前掲「幼稚園、小学校、中学校、高等学校及び特別支援学校の学習指導要領等の改善について（答申）」24—25ページ

(5)　中央教育審議会「幼稚園、小学校、中学校、高等学校及び特別支援学校の学習指導要領等の改善及び必要な方策等について（答申）」2016年12月21日、53ページ（http://www.mext.go.jp/b_menu/shingi/chukyo/chukyo0/toushin/__icsFiles/afieldfile/2017/01/10/1380902_0.pdf）［2018年2月26日アクセス］

(6)　前掲「幼稚園、小学校、中学校、高等学校及び特別支援学校の学習指導要領等の改善について（答申）」76ページ

(7)　同資料77ページ

(8)　文部科学省「小学校学習指導要領解説 国語編」2017年6月、7ページ（http://www.mext.go.jp/component/a_menu/education/micro_detail/__icsFiles/afieldfile/2017/10/13/1387017_2.pdf）［2018年2月26日アクセス］

(9)　文部科学省「小学校学習指導要領」2017年3月、24ページ（http://www.

第8章　各教科などの学習への支援————111

mext.go.jp/component/a_menu/education/micro_detail/__icsFiles/afieldfi
le/2017/05/12/1384661_4_2.pdf）［2018年2月26日アクセス］

（10）同資料26ページ

第9章　探究的な学習への支援

　学習課題をつかみ、調べてまとめる学習過程は、課題解決学習や問題解決学習などと呼ばれ、教授型の学習でも取り入れられていました。1998年の学習指導要領改訂で総合的な学習の時間が創設され、現行学習指導要領では、「習得・活用・探究」がキーワードとなり、身の回りにあるさまざまな問題状況について自ら課題を見つけ、自ら学び、自ら考え、主体的に判断し、よりよく問題を解決していく児童の育成をめざして、「探究的な学習」という概念が示されました。

　探究的な学習は、総合的な学習の時間や夏休みの自由研究などで指導されていますが、各教科でもおこなわれています。教科書を見ると、国語では、自分でテーマを決めて調べる単元が登場しています。小学校6年生の社会では、織田信長、豊臣秀吉、徳川家康の3人の武将について調べる活動、理科では、自由研究が掲載されています。ほかにも、地層や星、昔の暮らし、上下水道など、探究的な学習で深めたい単元はたくさんあります。

　新学習指導要領では「主体的・対話的で深い学び」と表され、各教科などでも探究的な学習がさらにおこなわれることが期待されています。

1　探究的な学習のプロセス

　小学校学習指導要領解説の総合的な学習の時間篇では、以下の学習過程を示し[(1)]、探究的な学習での指導の姿は、「問題解決的な活動が発展的に繰り返

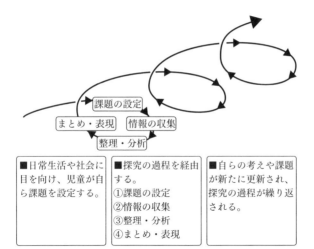

図5 探究の過程の連続

されていく」として螺旋形の図で示しています。(2)

①【課題の設定】体験活動などを通して、課題を設定し課題意識をもつ
②【情報の収集】必要な情報を取り出したり収集したりする
③【整理・分析】収集した情報を、整理したり分析したりして思考する
④【まとめ・表現】気づいたり発見したり、自分の考えなどをまとめ、判断し、表現する

　問題解決的な学習の進め方は、教授型の授業でも児童・生徒が主体的に学ぶように、「つかむ・調べる・まとめる」のステップを考えてきました。近年、特に探究的な学習の過程では、自らの情報発信が重視されるようになり、「つかむ・調べる・まとめる・広げる」の4ステップも多く目にします。

　現在、残念なことに、教師に提示された課題をインターネットで調べて、引用をあたかも自分の意見のようにまとめていたり、体験を重視するあまり体験だけで調べたことにしたりする学習を散見します。「インターネットでの調べ方」など、発達段階に応じた情報活用のスキルを部分的に指導するこ

とはあるでしょう。しかし、さまざまなメディアを効果的に活用できる力の育成をめざして、探究的な学習のステップを考えることが大事です。テーマをつかむ前に、さまざまなことに気づき、下調べをすることが必要です。調べる段階では、学校図書館資料で調べ、実際に見聞し、再び学校図書館資料で確認するのです。例えば、探究的な学習は、次のように考えることができます。

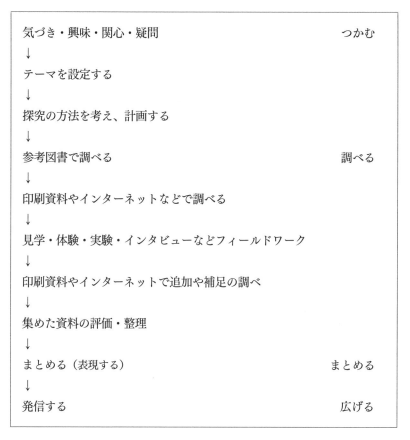

中学校・高等学校では、桑田てるみがアメリカのBIG6をもとに提案している6プロセス9アクション、稲井達也が提案している7段階が参考になるでしょう。

桑田てるみの6プロセス9アクション⁽³⁾

　1　決める　　1 大テーマの下調べ　2 小テーマの選択

　2　問う　　　3 問いの生成

　3　集める　　4 情報の収集

　4　考える　　5 情報の整理分析　6 問いへの答え

　5　創る　　　7 情報の表現・伝達

　6　振り返る　8 探究の評価　9 新しい問いの発見

稲井達也の7段階⁽⁴⁾

第1段階　学習の動機付けを図る学習【出会う】

第2段階　基礎・基本の知識を習得する学習【知る】

第3段階　興味や関心を高め、知識を深める学習【高める・深める】

第4段階　課題を絞り込む学習【つかむ】

第5段階　情報を取捨選択し、活用する学習【生かす】

第6段階　情報を活用し、目的に合わせて加工する学習【選ぶ・まとめる】

第7段階　情報を発信する学習【伝える】

2　テーマの決め方

　探究的な学習、課題解決学習でいちばん重要なのが、テーマ設定です。各自のテーマが自ら本当に知りたい、また調べたいテーマになるためには、興味や関心を大事にすることが大切です。小学校1年生でも、1年生なりに「なぜ知りたいのか」「なぜ調べたいのか」を書かせます。

　テーマを決めるための発想法は、いろいろあります。マンダラート、ドーナツ、花、太陽などは、中央に大テーマまたは中テーマを書き、例えば「トマトの育て方」「トマトの料理法」などのように「○○の〜」と発想していきます。このような方法でテーマを決めるとはどんなことか、小学校中学年ぐらいからわかってくると、高学年以上になってウェブ図やイメージマップ

116

を使うことができるようになります。積み上げがないままウェブ図を書かせると、用紙の端に小さく書いたり、連想ゲームのように広がるだけになってしまったりすることもあります。

　次に、考えたテーマを問いの形の文（疑問文）で表します。例えば、「トマトの育て方」というよりも、「おいしいトマトを育てるには、どんな工夫がいるのだろうか」「トマトを育てるには、どんな世話をしたらいいのだろうか」と書くことによって、調べたいことがより具体的になります。

　小学生によくあるテーマ設定で悩ましいのは、テーマが小さすぎたり難しかったりして資料がないということです。興味・関心があることを書き出してテーマの候補を見つけたら、資料があるかどうか、自分で調べられる難易度かどうかなど、そのテーマがテーマとして適切かどうかを考えさせる指導が必要です。このテーマではだめと、大人がやめさせるのではなく、本人が決定するように支援することが大切で、このあたりは難しいところです。逆に、本を読んだらすぐに答えがわかり、丸写しで終わりになるようなテーマでは面白くありません。

　中高一貫校の探究科教諭の片岡則夫は、卒業研究のテーマ設定に4つの条件を挙げています。

「①興味を持ち、人に伝える価値のあるテーマ、

　②全員が違うテーマを設定（限られた資料を有効に使い、もたれ合いをなくす）、

　③資料があり、自分の力で扱えるテーマ、

　④フィールドワークができるテーマ」

　特に①の興味をもっていることがいちばん難しく、「楽なテーマ」「資料がたくさんあるから写せばすみそう」「無難なテーマ」など、自分の興味を正面から考えようとしない生徒へのアドバイスを重視しています。片岡は、「授業の始まりから提出まで、生徒はテーマを考え続けます」「研究の過程はそのまま「テーマを考える道のり」となるのです」とも述べています。

　テーマの設定は、教員の指導事項ですが、レファレンスによって自分が知りたいことや調べたいことが明確になり、テーマがはっきりする場合もあります。「○○のどんなことが知りたいのか」「なぜそれを調べようと思ったの

か」を掘り起こし、相談している児童・生徒が本当に知りたいことはどんなことなのか、どんな資料をほしがっているのか考えながら丁寧に対応することが必要です。

3　情報の探し方

　児童・生徒が調べるための情報を探すとき、学校司書や司書教諭がおこなう支援は、資料準備、レファレンスサービス、ブックトークでの資料紹介、資料についての説明、いろいろなメディアの紹介、資料の使い方などが考えられます。ここでは、情報を探すための支援を考えます。

3-1　学校図書館で調べる

　学習でせっかく学校図書館を使うとしても、「学校図書館で調べてきなさい」と授業で話すだけであるとか、学校図書館に児童・生徒を連れてきて「さあ調べなさい」と促すだけだと、急に児童・生徒がやってきて「わからない」「○○の本ありますか?」と前に並ばれて困り果てたという学校司書の報告を聞いたことがあります。

　このような事態を招かないためには、学校図書館の利用パンフレットや教員対象の「学校図書館だより」などを使い、あらかじめどんな単元でどんな資料が必要なのか、事前に知らせてもらうような体制を学校司書と司書教諭とで作ることです。

①レファレンスブック（参考図書）

　一般に、学校図書館資料で調べる場合、まず参考図書で概要を調べます。百科事典は、その事柄の概要だけではなく、さらにどんなことを調べる必要があるのかなども知ることができます。

　新学習指導要領では、国語科で参考図書の利用指導を取り上げています。

②関連図書コーナー

写真16　総合的な学習の時間に活用する公立図書館からの団体貸出図書（中学校）

　授業者からの依頼で単元関連図書のコーナーを作ったり、ブックトラックやワゴンに載せて教室に持っていったりすることもあります。

　写真16は、中学校の学校図書館です。この学校では、総合的な学習の時間を全校一斉に2時間続きでとっています。毎年、学校図書館のオリエンテーションをおこない、総合的な学習の時間には、教室、学校図書館、コンピューター室など、どこで調べてもいいことになっています。その際、学校図書館には学校司書のほかに保護者ボランティアと2人の教員が配置されます。公共図書館から団体貸出されている本は、総合的な学習の時間内は教室に持ち込むことができます。また、学校図書館資料を個人で借りることもできます。その世話は保護者ボランティアがおこないます。生徒は、時間を無駄に使わないように学校図書館には20分しかいられません。20分以内に資料を探して教室で読みます。それをチェックして生徒指導をするのは教員です。学校司書はレファレンスをおこないます。

第9章　探究的な学習への支援————119

もちろん、進んで休み時間や放課後に学校図書館で調べることもしています。

③ブラウジングによる資料の選択

　ブラウジングとは、『図書館情報学用語辞典 第4版』によると「明確な検索戦略を持たないまま、偶然の発見を期待して漫然と情報を探すこと[7]」とあります。知りたい主題の分類に応じた書架のところに行き、背表紙を見て図書資料を手に取ってみることはよくあると思います。

　関連図書のコーナーがあっても、児童・生徒は、さらに必要な資料を見つけ出してきます。その資料も次にまた使えるよう書架ではなく、関連図書コーナーに返却してもいいことにします。単元が終わる頃には、児童・生徒が見つけ出した資料もあわせて、単元関連資料が倍以上になっている場合もあります。参考図書や関連図書以外にも近い内容の分類の書架をブラウジングすることによって資料を見つける力をつけ、そうすることでちょっとしたところに必要な情報が見つけられたり、関連する情報を広く探したりすることができるようになるはずです。

　児童・生徒が、ブラウジングができるよう学校図書館で授業をおこなうことを提案・推進します。

④カード目録やコンピューター目録の利用

　情報探索の重要な要素に、図書の検索があります。図書資料を探す場合、必要な図書資料が貸出中だったり、複数の主題が扱われていて別の分類の書架に排架されていたり、あるいは必要な情報が書名になっているとはかぎらなかったりといったことがあります。学習センターとしての学校図書館の機能を充実させるには資料検索ができることが必要で、そのためには図書資料の電算管理が望まれます。カード目録がきちんと整備されていれば検索することは可能ですが、学校図書館でインターネットが利用できるのも当たり前になってきている現在、図書資料の電算管理が必要でしょう。

　さて、検索するための目録は、カード目録では4種類あります。書名がわかっているときは書名目録、著者名がわかっているときは著者名目録で調べ

ます。この2つの目録はほしい資料が特定されています。しかし、「どの本かはわからないがこんな内容の本」といった具合に、探している本が不特定の場合もあります。内容、つまり主題で探す場合は、分類目録または件名目録で探します。件名は、同じ意味の言葉や似ている意味の言葉を件名として採用した言葉に統制します。例えば、「お母さん」も「ママ」も「母」もすべて「母」のもとに集められます。伝統産業の資料も伝統工業の資料も「伝統工芸」の目録のなかに集められていれば、漏れなく調べることができます。

コンピューター目録では、フリーキーワード検索（キーワード検索）が主になります。「伝統工芸」「伝統工業」「伝統産業」のそれぞれの言葉で検索すると、ヒットする資料が異なってしまいます。フリーキーワード検索では、似ている意味の言葉や上位概念・下位概念の言葉などでいろいろ検索してみることが必要になります。また、「かえる」と「カエル」では検索結果が異なったり、「買える」「帰る」とも認識されてしまったりします。検索結果から適切だと思われる資料に見当をつけて、実際に手に取ってみないと必要な資料かどうかが判明しない場合もあります。

学校図書館では、児童・生徒にかわって検索してあげることもありますが、子どもたちが必要な資料に出合えるよう、見守りながら支援することが大切です。

3-2　広く情報を探す

学校図書館で情報を探索するには、蔵書検索だけでなくさまざまな方法で資料を探す必要があります。

小学校・中学校では、学校図書館の蔵書検索やOPACを使っての公共図書館の蔵書検索、インターネット情報の検索などが挙げられます。

インターネットは小学校中学年ぐらいから利用できますが、入門期には、調べたい情報が得られるサイトを大人が示して、そこから情報を得るようにします。インターネット情報は公共のものなど信頼がおけるサイトを利用すること、またインターネットは、最新の情報が得られるという利点がありますが、古い情報も混在しているので、探した情報が最新のものかどうかさらに調べる必要があることなど、利用上の留意点も指導します。

第9章　探究的な学習への支援―――121

中学校や高等学校では、出版目録、雑誌記事索引、新聞記事索引などの書誌情報や索引を使うこともあるでしょう。

　単元ごとの情報や文献リストを作成しておくと、次年度の図書購入や学習支援に役立ちます。インタビュー先、ゲストティーチャーや出前授業を委託している団体・個人のリストなども作成しておくといいでしょう。

　近年は、パスファインダーを使って学習支援をおこなっている学校図書館も増えています。

　パスファインダーは、「利用者に対して、特定の主題に関する各種情報資料や探索方法を紹介・提供する初歩的なツール」で、「当初は、1枚物のリーフレットとして提供されたが、現在では図書館ウェブサイトから電子的にも提供される[8]」資料・情報探索のための道案内としての役割を果たします。

　石狩管内高等学校図書館司書業務担当者研究会『パスファインダーを作ろう[9]』での例示では、4ページ立てで、表紙にテーマ・トピック、パスファインダーについての説明、作成月日、作成者を掲載しています。2ページ目からは、メディアの紹介、手がかりとなるキーワード、参考図書の紹介、学校図書館の図書の紹介、広く出版物の紹介、新聞記事、パンフレット、インターネット情報、類縁機関、視聴覚資料などを順次紹介しています。最後に、いつでも図書館がサポートする体制であることが記載されています。

　パスファインダーは、資料や情報をすべて記載するのではなく、利用者が自らの力で資料や情報を探すための道案内として作成されるべきものです。

　国立国会図書館の「リサーチナビ」から、「公共図書館パスファインダーリンク集[10]」が得られます。岩手県立図書館のパスファインダーが上記のパスファインダーと形式が似ていて、参考になります。

3-3　レファレンスブック(参考図書)の利用指導

　レファレンスブック(参考図書)とは、特定の内容や図書資料などを調べやすく整理・編集してある図書のことです。辞書・事典・図鑑・年鑑・年表などの特定の内容を探すための図書と、書誌・目録など特定の資料を探すための図書があります。その構造は、目次・凡例・本文・索引・その他資料などからなるものが多いようです。小学校では、児童向けの参考図書が出版さ

れています。中学校や高等学校では、白書・統計・目録・索引など、一般書も必要になってくるでしょう。近年は、目録や索引などの電子化が進んでいます。電子辞書や電子百科事典はリンクができて便利ですが、書籍は求める情報の周辺情報も目に入り、それが役に立つこともあります。

　学校司書が授業やオリエンテーションのなかで利用の仕方を説明することもあります。

　国語辞典や漢字辞典（漢和辞典）の利用は、小学校中学年の国語の教科書に掲載され、教員によって指導されてきましたが、そのほかの参考図書の利用については知識がない教員もいるはずです。本来、学習指導は教員の仕事ですが、学校司書や司書教諭の支援が必要な分野です。

　指導内容のポイントを以下に挙げます。小学校で図鑑を参考図書のコーナーに別置してある学校図書館もありますが、図鑑は、それぞれの分類に入れたほうが使いやすいようです。ここでは、参考図書と同じように指導の必要があるので、図鑑も取り上げます。

①図鑑

　新学習指導要領国語では小学校1・2年生の指導内容になっています。しかし、目次と索引の指導は2・3年生ぐらいが適当かと思います。

　調べたいものの名前がわかっていないときには目次を使います。目次は、その図鑑で取り上げているものをグループ分けして、利用者が調べやすいように工夫しています。どのグループか見当をつけて調べることができます。

　調べたいものの名前がわかっている場合には索引を使うと便利です。

②百科事典

　小学校3・4年生で指導します。ただ、中学生や高校生でも索引巻の利用は指導されてきていない生徒が多いと思います。確認のための指導が必要でしょう。

　国語辞典は言葉の意味を調べ、百科事典は事柄を調べます。項目別と50音順の百科事典があり、1巻ものの百科事典もあります。多巻ものは、量が多いので多巻に分けているだけで、全巻で1冊分の構成になっています。

第9章　探究的な学習への支援―――123

背・つめ・見出しから調べることが多いのですが、索引巻を利用すると、「十二支」「干支」は、「十干十二支」で掲載されているなど、ないと思ったら実はほかの言葉で掲載されている場合があります。また、関連事項も見るように参照がついている場合もあります。

③年鑑

　小学校5年生になると、食料生産や工業、地理などで使用する統計資料を活用するようになります。この頃に年鑑の指導をすると、子どもたちは調べるときに年鑑も見るようになります。目次（大項目と小項目）と索引、表やグラフの読み取り、そのほかに載っている記事などについて、活用の仕方を指導します。特に、どの機関がいつ調べた統計なのか、単位は何かなど、算数の表やグラフの学習では扱わない事柄を指導したいものです。

④国語辞典・漢字辞典（漢和辞典）

　小学校中学年の国語で取り上げているので、ほとんど担任が指導しています。国語辞典は、言葉の意味を調べますが、漢字でどう書くのかを知りたいときも国語辞典が便利です。付録も資料になります。学校図書館では、手軽に使えるコンパクトな国語辞典から語彙数が多い大きな国語辞典まで複数をそろえておく必要があります。

　漢字辞典（漢和辞典）には、音訓索引・総画索引・部首索引の3つの索引がついています。

　音訓どちらかの読みがわかっている場合は音訓索引を使います。部首がわかっている場合は、部首索引を使います。読みも部首もわからないときは総画索引を使います。総画索引を使えるようになるためには、漢字の画数の数え方がわからなくてはなりません。

　国語辞典や漢字辞典を児童・生徒の数だけ教室に置いておく場合、学校図書館の図書購入費で購入するのではなく、国語の予算として計上してほしいものです。

3-4　新聞の利用

「新聞を教育に（Newspaper In Education：NIE）」という取り組みがあります。学校図書館では、特に NIE 実践校でなくても、学校図書館資料として新聞活用を推奨しています。

　近年はインターネットで最新の情報が手に入るので、新聞を読まない大人が増えています。そのため、どこの情報なのか、その記事がどのように取り扱われているのかについて関心が薄くなっている気がします。同じ出来事でも新聞社によって書きぶりが異なったり、社説や署名記事があったりするので、出典を書くときも、いつのどの新聞かを明示するのが大事になります。版組みも異なります。複数の新聞を読み比べたり、また大きな事件は時系列で読みすすめたり、ニュース以外のさまざまな記事に目を通すなど、新聞でなければ得られない情報がそこにはたくさんあります。

　新聞活用に力を入れている教員が、「切り抜きを読ませたり、記事のコピーを読ませたりするだけでは、教員の作成した資料を読ませたにすぎない。新聞は、一紙まるごと手にしてほしい。新聞は、1面から最後まですべてをじっくり読む必要はない。とにかく、手に取ってほしい」と話していました。ある小学校では、新聞の切り抜きを掲示していましたが、そのすぐ下に新聞架を置き、そばに読むための机が置いてあると、掲示に目をやった児童が新聞を手に取って、机の上に置いて見るようになったそうです。切り抜きを掲示するだけでなく、その掲示が引き金になって新聞に手を伸ばすような動線を考えたことがよかったようです。

　授業で使いたい記事も、学校司書が切り抜きを用意するのではなく、児童・生徒が記事を集め、切り抜きの指導をし、新聞名や日時版が記されている最上段とともに台紙に貼らせるなど、自分たちで新聞からの資料を作成させたいところです。

　新聞も図書も、またインターネットも上手に活用して調べさせるような指導が必要でしょう。

3-5　ファイル資料の利用

　パンフレットやリーフレット、一枚物、絵はがきなどをファイリングシステムで収集保存したものを「ファイル資料」または「インフォメーションフ

ァイル」といいます。地域や今日的な話題など、図書資料では補いきれない情報もパンフレットやリーフレットで収集できるものがたくさんあります。

　商店街の地図、オリンピック・パラリンピックの記事、大使館や自治体、アンテナショップ、観光地などのパンフレットなど、必要な資料を意図的に収集する場合があります。学校にはさまざまな印刷物が送られてくるので、そのなかで児童・生徒の学習に役立ちそうなものを保存する場合もあります。

　ファイル資料は無料で集めることができるので、活用してほしい学校図書館資料です。

3-6　レファレンス

　レファレンスは、図書館の司書や学校司書の専門性を発揮する力の見せどころと言われるほど重要な仕事です。

　利用者が、目的をもって「○○を調べているのですが」とか、「○○の本、ありませんか?」と聞いてくることもありますが、フロアワーク中に、「何か面白い本、ありませんか?」「お薦めはありませんか?」と声をかけてくることもあります。最近は、公共図書館でも「何かお探しでしたらお手伝いしましょうか?」と声をかけてくれますが、学校図書館ではこちらから声をかけることがより多いと思います。

　相手がどんな資料をほしがっているのか、上手に聞き出すことがレファレンスの基本です。

　私の経験ですが、公共図書館で、「○○について書かれている本を探しているのですが」と、レファレンスを利用したら、図書館員がキーワードをコンピューターに入力して「わかりません」という返事が返ってきたことがありました。「コンピューターで検索するのは私でもできました」と思ってしまいました。学校司書としての専門性を生かすには、やはり、子どもの本に精通することです。中学校では児童書から大人向けの一般書までが対象になるでしょうし、高等学校では専門書も対象になるでしょう。なかなか大変な仕事だと思いますが、研究会などで情報交換をして、常にアンテナを張り、本の指南役をめざしてほしいと思います。

4　情報の記録と保存

　小学校高学年以上になったら、出合った情報を評価して、その情報が使えるかどうか判断することも学習させたいところです。情報の評価項目は、次のようなことが考えられます。

　　情報の評価
　　　①自分のテーマや課題に関連する情報か
　　　②自分が理解できる情報か
　　　③信頼のおける情報か
　　　④事実を記述したものか
　　　⑤偏見はないか
　　　⑥内容に論理の一貫性はあるか

　使える情報だと判断した場合は、「情報記録カード」に記入します。このカードは、学校によって「情報カード」「記録カード」など多少呼び名が異なります。

　「情報記録カード」は、資料番号をつけて1枚につき1件だけを記入し、裏は使いません。

　「見出し」には調べたことを書きます。調べてわかったことは要約したり箇条書きにしたりしますが、小学校低学年は、「わかったことを自分の言葉で書きましょう」と指示すると、要点をそれなりにまとめることができます。引用は「　」をつけ、図表やグラフは何ページにどんな図表やグラフが載っていて、何がわかるのかをメモしておけばまとめで使えます。

　「情報記録カード」は、まとめのときなどにいつでも情報源に戻れることが大切です。

　例えば、次のことを記録しておきます。

　　書籍…書名・著者名・出版者・出版年・引用ページ
　　新聞…新聞名・日付・朝夕刊・版

第9章　探究的な学習への支援―――127

雑誌…雑誌名・巻・号・発行年月・ページ
　　インターネット…サイト名・アドレス・アクセス日時
　　インタビュー…氏名・肩書などどんな立場の人か・場所・日時
　コンピューターに記録を蓄積する場合も、同様の項目を記録します。紙の
カードのように操作できませんが、引用はコンピューターでまとめる場合、
コピーアンドペーストできるので便利です。しかし、著作権をしっかり指導
しておかないと、コピーアンドペーストすることで調べてわかったことを自
分が書いたつもりになってしまうことがあります。
　写真を撮る、絵に描くなども情報収集の要素です。

5　情報のまとめ方と発表の仕方

　集めた情報をまとめるというのは、人に伝えるために表現するということ
です。学年の発達段階に応じてさまざまなまとめ方を経験させ、選択できる
力を育成します。小学校低学年で指導する絵カードに書く、クイズを作る、
劇化する、紙芝居や本にするなども、情報活用能力育成の立場からはまとめ
の方法ととらえることができます。小学校低学年では、絵カードなどに直接
書かせることがほとんどです。情報記録カードをそのまま大きな紙に貼って
壁新聞にするのも楽しいまとめ方です。
　集めた情報をもとに、自分の考えを整理して新聞やレポートにまとめると
きは、新聞は割り付け、レポートは、その構成方法を教えます。レポートの
構成は、大まかな目次を作らせると立てやすいです。
　口頭発表は、発表原稿や発表メモを書き、見ないで話すように練習させま
す。練習も中間発表も学習計画に入れ、「練習→中間発表→評価→修正→本
発表」の流れを作ります。
　ここでは、児童・生徒の相互評価もさせます。学級で中間発表会をおこな
ったあと、学年や隣接学年を招待して本発表会をしたり、また中間発表会で
はグループ同士で内容を見合ったり、学級全体で本発表会をおこなったりす
ると、児童・生徒たちのモチベーションが上がります。

国語の学習で作文や意見文を書く場合もあります。作文メモを作成すると きにも、1項目1枚の「情報記録カード」は使い勝手がいいので役に立ちま す。

　児童・生徒の作品も学校図書館資料です。卒業研究を保存している高等学 校、あるいは学級で文集などを作成した場合は、学校図書館にも保存する学 校もあります。児童・生徒の作品は、学校図書館に保存したいけれども、個 人に返したほうがいいとする場合がほとんどだと思います。一定期間、学校 図書館に展示・掲示することも推奨したいところです。

　評価をするのは担任ですが、学校司書が気づいたことを伝えると、担任も 助かります。

　学習指導は、教員がおこなうことで、学校司書はその支援であることをふ まえたうえで、探究的な学習に関する基本的な知識と指導方法を理解すれば、 どんな支援をしたらいいか考える材料になるはずです。これは公共図書館の 司書にも言えることで、どんな時期に学校でどんな学習をしているかを理解 することで利用者サービスがしやすくなると思います。公共図書館に学校司 書がおこなうようなレクチャーを依頼してくる学校もあります。

　夏休みには、自由研究のための催しをおこなっている公共図書館もありま す。何を調べたいのかまったく決まっていないで資料を探しにくる子もいま す。

　探究的な学習についての学校司書や司書教諭、公共図書館の支援は、重要 な役割を果たしています。

注

(1) 文部科学省「小学校学習指導要領解説総合的な学習の時間編」2008年6月、 99ページ（http://www.mext.go.jp/component/a_menu/education/micro_detail/ __icsFiles/afieldfile/2009/06/16/1234931_013.pdf）［2018年2月26日アクセス］
(2) 同資料16ページ
(3) 桑田てるみ『思考を深める探究学習──アクティブ・ラーニングの視点で 活用する学校図書館』全国学校図書館協議会、2016年、19ページ
(4) 稲井達也編著『授業で活用する学校図書館──中学校・探究的な学習を目

ざす実践事例』(「新しい教育をつくる司書教諭のしごと第2期」第3巻)、全国学校図書館協議会、2014年、65—67ページ

(5) 片岡則夫編著『「なんでも学べる学校図書館」をつくる——ブックカタログ&データ集 中学生1,300人の探究学習から』少年写真新聞社、2013年、144—145ページ

(6) 同書136ページ

(7) 前掲『図書館情報学用語辞典 第4版』

(8) 同書

(9) 石狩管内高等学校図書館司書業務担当者研究会『パスファインダーを作ろう——情報を探す道しるべ』(「学校図書館入門シリーズ」第12巻)、全国学校図書館協議会、2005年

(10) 国立国会図書館「リサーチナビ」調べ方案内メインページ「公共図書館パスファインダーリンク集」(https://rnavi.ndl.go.jp/research_guide/pubpath.php)〔2018年2月26日アクセス〕

第10章　特別の支援を要する児童・生徒と学校図書館

　2006年6月に学校教育法が改正され、07年4月から特別支援教育が学校教育法に位置づけられました。従来の盲・聾・養護学校の制度を、複数の障害種別を教育の対象とすることができる「特別支援学校」の制度に転換するとともに、小・中学校などに在籍する教育上特別の支援を必要とする児童・生徒はもちろん、さらにLD（学習障害）、ADHD（注意欠陥・多動性障害）、高機能自閉症などの児童・生徒も対象になりました。

1　特別支援学校の学校図書館

1-1　特別支援学校の学校図書館

　学校図書館法が規定している学校とは、「小学校（義務教育学校の前期課程及び特別支援学校の小学部を含む。）、中学校（義務教育学校の後期課程、中等教育学校の前期課程及び特別支援学校の中学部を含む。）及び高等学校（中等教育学校の後期課程及び特別支援学校の高等部を含む。）」です。

　特別支援学校小学部・中学部学習指導要領には「学校図書館を計画的に利用しその機能の活用を図り、児童又は生徒の主体的、意欲的な学習活動や読書活動を充実すること」とあり、特別支援学校高等部学習指導要領にも同様の記述があります。2017年4月に告示された特別支援学校小学部・中学部学習指導要領にも「学校図書館を計画的に利用しその機能の活用を図り、児童又は生徒の主体的・対話的で深い学びの実現に向けた授業改善に生かすとと

表13　学校図書館の設置率（％）

	視覚	聴覚	肢体	病弱	知的	総合
2007年	100	100	89.2	95.3	82.5	93.5
2013年	98.1	100	89.9	94.3	79.9	94.0

表14　学校図書館の兼用率（％）

	視覚	聴覚	肢体	病弱	知的	総合
2007年	2.0	3.0	15.7	17.1	42.1	37.2
2013年	3.7	10.8	18.6	2.9	34.2	21.7

表15　小中学校における学校図書館図書標準の達成状況（2011年度末現在）

		学校数 （A）	25% 未満 の学校数 （B）	割合 （B/A）	20～50% 未満の 学校数（C）	割合（C/A）
小学校		20,676	98	0.5%	396	1.9%
中学校		9,698	78	0.8%	331	3.4%
特別支援学校	小学部	804	284	35.3%	207	25.7%
	中学部	804	520	64.7%	174	21.6%

（出典：文部科学省「平成24年度「学校図書館の現状に関する調査」結果について」5ページ〔http://www.mext.go.jp/a_menu/shotou/dokusho/link/__icsFiles/afieldfile/2013/05/16/1330588_1.pdf〕「2017年11月5日アクセス」）

表16　小中学校における学校図書館図書標準の達成状況（2015年度末現在）

		学校数 （A）	25% 未満 の学校数 （B）	割合 （B/A）	20～50% 未満の 学校数（C）	割合（C/A）
小学校		19,604	82	0.4%	180	0.9%
中学校		9,427	60	0.6%	226	2.4%
特別支援学校	小学部	837	270	32.3%	239	28.6%
	中学部	834	518	62.1%	196	23.5%

（出典：文部科学省「平成28年度「学校図書館の現状に関する調査」結果について」8ページ〔http://www.mext.go.jp/a_menu/shotou/dokusho/link/__icsFiles/afieldfile/2016/10/13/1378073_01.pdf〕「2017年11月5日アクセス」）

50〜75%未満の学校数（D）	割合（D/A）	75〜100%未満の学校数（E）	割合（E/A）	学校図書館図書標準達成（100%）学校数（F）	割合（F/A）
2,337	11.3%	6,109	29.5%	11,736	56.8%
1,605	16.5%	3,081	31.8%	4,603	47.5%
122	15.2%	61	7.6%	130	16.2%
57	7.1%	27	3.4%	26	3.2%

50〜75%未満の学校数（D）	割合（D/A）	75〜100%未満の学校数（E）	割合（E/A）	学校図書館図書標準達成（100%）学校数（F）	割合（F/A）
1,560	8.0%	4,759	24.3%	13,023	66.4%
1,171	12.4%	2,760	29.3%	5,210	55.3%
126	15.1%	85	10.2%	117	14.0%
52	6.2%	37	4.4%	31	3.7%

第10章　特別の支援を要する児童・生徒と学校図書館

表17　平成28年度の司書教諭の発令状況など

		学校数（A）	司書教諭発令学校数（B）	発令割合（B/A）	12学級以上の学校の状況			
					12学級以上の学校数（C）	司書教諭発令学校数（D）	発令割合（D/C）	司書教諭有資格者数（E）
小学校		19,945	13,557	68.0%	11,092	11,017	99.3%	28,108
中学校		10,255	6,663	65.0%	4,976	4,893	98.3%	9,004
高等学校		4,927	4,165	84.5%	3,983	3,828	96.1%	8,156
特別支援学校	小学部	897	530	59.1%	457	424	92.8%	967
	中学部	893	434	48.6%	296	264	89.2%	392
	高等部	916	583	63.6%	502	462	92.0%	929
義務教育学校	前期課程	22	15	68.2%	14	14	100.0%	32
	後期課程	22	9	40.9%	5	5	100.0%	14
中等教育学校	前期課程	51	33	64.7%	22	18	81.8%	31
	後期課程	51	33	64.7%	23	19	82.6%	29
合計		37,979	26,022	68.5%	21,370	20,944	98.0%	47,662

（出典：前掲「平成28年度「学校図書館の現状に関する調査」結果について」2ページ）

表18　平成28年度の学校司書の状況

		学校数（A）	学校司書を配置している学校数（B）	
				割合（B/A）
小学校		19,945	11,803	59.2%
中学校		10,255	5,969	58.2%
高等学校		4,927	3,279	66.6%
特別支援学校	小学部	897	82	9.1%
	中学部	893	58	6.5%
	高等部	916	97	10.6%
義務教育学校	前期課程	22	8	36.4%
	後期課程	22	8	36.4%
中等教育学校	前期課程	51	29	56.9%
	後期課程	51	37	72.5%
合計		37,979	21,370	56.3%

（出典：同資料5ページ）

割合 (E/C)	11学級以下の学校の状況				
	11学級以 下の学校 数（F）	司書教諭 発令学校 数（G）	発令割合 （G/F）	司書教諭 有資格者 数（H）	割合 （H/F）
2.5%	8,853	2,540	28.7%	7,620	0.9
1.8%	5,279	1,770	33.5%	3,933	0.7
2.0%	944	337	35.7%	875	0.9
2.1%	440	106	24.1%	333	0.8
1.3%	597	170	28.5%	395	0.7
1.9%	414	121	29.2%	341	0.8
2.3%	8	1	12.5%	7	0.9
2.8%	17	4	23.5%	8	0.5
1.4%	29	15	51.7%	23	0.8
1.3%	28	14	50.0%	27	1.0
2.2%	16,609	5,078	30.6%	13,562	0.8

もに、児童又は生徒の自主的、自発的な学習活動や読書活動を充実すること」とあります。しかし、特別支援学校の学校図書館の現状は厳しい状況にあります。

1-2 特別支援学校での学校図書館の現状

　特別支援学校でも、学校図書館は欠くことができない必置の基礎的な設備です。しかし、学校図書館のスペースが道具置き場や保護者の控え室など、ほかの目的に流用されていたり、図書を置くだけのコーナーになっていたりする学校もあります。

　全国学校図書館協議会では、2013年9月、全国の特別支援学校での学校図書館の現状を調査しています。その報告によると、回答があった678校中94パーセントの設置率でした[3]（表13）。

　児童・生徒数の増加に伴う教室不足によって、2013年のほうが07年よりも設置率が下がっています。設置されていても、先に述べたように兼用になっている学校も少なくありません。なかには、「職員用女子更衣室」との兼用という回答もあったそうです[4]。

野口武悟は、「特別支援学校だから学校図書館は貧弱でも仕方がないと思う人がいるかもしれない。しかし、むしろ逆である。児童生徒の学習と読書のニーズを満たすためには、そのニーズに合った「施設」と「メディア」、そして、児童生徒と「メディアを」橋渡しする「職員」のいずれもが不可欠であり、充実していなければならない」「児童生徒の多様な発達の段階や障害の状態に応じたきめ細やかな対応（道理的配慮）が必須である特別支援学校においては、より一層当てはまるのである(5)」と述べています。

　文部科学省は、「学校図書館の現状に関する調査」を隔年でおこなっています。表15・16のように、2016年度調査(6)を12年度調査(7)と比べてみると、特別支援学校の学校図書館図書標準に対する蔵書率が下がっています。

　司書教諭は12学級以上に必置が義務づけられていて、かつ兼任で可能なため、教諭に司書教諭講習への参加を促し、校内の司書教諭講習修了者を司書教諭として発令するなどして各自治体や学校で努力はしています。しかし、司書教諭の発令は、本来なら100パーセントであるべきです(8)。

　それに比べ、学校図書館法に規定されているとはいえ、努力義務である学校司書の配置率は、特別支援学校では低い現状にあります(9)。

2　「障害を理由とする差別の解消の推進に関する法律」

　2015年6月に「障害を理由とする差別の解消の推進に関する法律」が制定されました（2016年4月1日施行）。この法律によって「不当な差別的取扱い」と「合理的配慮の不提供」が禁止されました。「不当な差別的取扱い」があってはならないのは当然のことです。

　内閣府の広報用リーフレット「障害者差別解消法が制定されました」によると、「合理的配慮の不提供」とは、「障害のある方から何らかの配慮を求める意思の表明があった場合には、負担になり過ぎない範囲で、社会的障壁を取り除くために必要で合理的な配慮（以下では「合理的配慮」と呼びます。）を行うことが求められます(10)」ということです。

「社会的障壁」とは、「①社会における事物（通行、利用しにくい施設、設備

など）、②制度（利用しにくい制度など）、③慣行（障害のある方の存在を意識していない慣習、文化など）、④観念（障害のある方への偏見など）など」を挙げています。

　内閣府のリーフレットには、ほかに「合理的配慮を知っていますか」「障害者差別解消法がスタートします！」があります。どちらもインターネットで見ることができます。

3　学校図書館でできること

　学校図書館では、どのようなことができるでしょうか。どのような配慮が必要でしょうか。

3-1　施設・設備のバリアを取り除く

　学校図書館は、車いすが通れるデザインである必要があります。特別支援学校では、車いすから書架上の資料が見えるように、低すぎたり高すぎたりしないように排架に配慮している学校もあります。

　特別支援学校でなくても、特別に支援を要する児童・生徒が在籍したときに困らないような配慮が常日頃から必要です。書架や机の間は、車いすが通れるほどの広さがほしいものです。

　小学校では、1年生と6年生とでは体の大きさがかなり違います。背が高い書架は、いちばん上の段を空けて展示棚にし、本が取りやすい高さに排架する工夫も必要でしょう。机やいすの高さは小学生用にします。

　サインや掲示物のわかりやすさも大切です。色弱や色覚障害の児童・生徒が在籍しているかもしれません。色弱や色覚障害の児童・生徒は、色の区別がつかなくても、色鉛筆やクレヨンに書いてある色の名前で判断して色を塗ったり絵を描いたりしていて、保護者や担任が気づかなかったという例もあります。色だけで判断するような表示や指示にしないように、判断ができなくて困る児童・生徒がいないような配慮が必要です。採光や照明など、明るさについても十分注意しましょう。

第10章　特別の支援を要する児童・生徒と学校図書館────137

特別支援教育と学校図書館に関しての研究者である野口武悟は、「健常児」と「障害児」がともに学ぶ統合教育（インテグレーション）の考えを広げ、「健常児」のなかにもインクルージョン（包摂）していかなければならない多様な子どもが含まれていることにふれ、「インクルージョンを実質化しようとするならば、同時に、ダイバーシティ（多様性の相互授与）も推進されなければならない」と、その著書で述べています。特別支援学校や特別支援学級がある学校に限らず、すべての学校図書館の施設設備でバリアをなくし、ユニバーサルデザインを具現化することが大切です。

3-2　補助具や機器を用意する

ページがうまくめくれない児童・生徒に、付箋を貼ってあげるだけでめくりやすくなったという報告を聞いたことがあります。

野口は、その著書でさまざまな補助具や機器を紹介し、「これらの補助具は、館内に常備しておき、誰でも自由に利用できるようにしておくとよい」と述べています。例えば、白い紙に印刷されていると文字が目に入らず、白紙にしか見えない場合があるそうです。そんなときはカラークリアファイルを読もうとするページに挟みます。黄色が効果的だそうです。

定規を当てながら読んだり、栞よりやや大きめの紙の中央に1行か2行スリットを入れた「リーディングトラッカー」を利用したりすると、いま読んでいる部分がわかりやすくなります。「リーディングトラッカー」は、自作できますが、図書館用品として市販もされています。なかには、定規やリーディングトラッカーをどこに置いているのかわからなくなってしまい、次の行に移ることが困難な児童・生徒もいます。個に応じた支援が大切です。

紙面が拡大して映し出される拡大読書器ももっと普及してほしいですが、拡大鏡は、手軽に学校図書館に常備することができます。音声読書器、ページめくり器など、児童・生徒の状況に応じて施設の整備をしていきます。

3-3　市販のバリアフリー資料を収集する

排架や学校図書館活動など、学校図書館業務はどの校種でも基本は共通ですが、その学校に応じて資料収集の方針が異なります。特別支援学校では

CD や DVD など視聴覚資料も充実させ、目録を整備しましょう。大型本や紙芝居、パネルシアターなども活用します。視覚障害特別支援学校には、録音資料や点字資料、大活字本などを充実させたいところです。近年は、大活字本の種類も豊富になってきています。また、布絵本も「さわる絵本」として子どもたちに親しまれています。これらは公共図書館から借りることができます。近年は、目で見る子も、また手で見る子も楽しめる絵本が出版されています。

3-4 LLブックとマルチメディアデイジー

読書の特別なニーズに応えるためのアイテムとして LL ブックとマルチメディアデイジーの普及が求められています。

LL ブックは、「生活経験や生活年齢に合った内容が、知的障害・自閉症、学習障害などのある人や移住してきた人にも理解できるように書かれた本[13]」で、「「LL」はスウェーデン語の Lättläst の略で、「やさしく読みやすい本」という意味です[14]」。

文章を読むのは苦手でも、精神年齢が発達している児童・生徒が低学年向けの本を読んでも共感できません。精神的な発達段階に応じた内容の本を読みたいというニーズに応える本が「LL ブック」です。しかしながら、まだそれほど多く出版されていません。学校司書や司書教諭は、短篇やストーリー展開が単純な話など、年齢が上がっても容易に読める図書にも精通しておき、特に「LL ブック」と銘打っていなくても、個に応じた本を紹介したいところです。

マルチメディアデイジーは、生まれつき読み書き障害があるディスレクシア、視覚障害、肢体不自由など「さまざまな原因で、印刷物を読むことが困難な人のために開発された電子書籍の形式の1つで、音声とともに、文字や画像が表示されるデジタル図書[15]」です。児童用図書のロングセラーもデジタル化されています。

タブレット端末にコピーやダウンロードもでき、病院のベッドの上でいつでも読めて、無菌室にも持ち込めるそうです。タブレットは、家庭にも持ち帰ることができ、家庭でのマルチメディアデイジーによる読書をおこなうこ

第10章　特別の支援を要する児童・生徒と学校図書館————139

とも可能です。

マルチメディアデイジーには、次のような特徴があります。

・文字を読み上げる音声を聞きながら、画面上の文字を読み、本と同じ絵や写真を見ることができる。
・音声で読み上げるフレーズの色が変わるハイライト機能で、どこを読んでいるのかがわかる。
・文字の大きさ、声のスピード、文字や背景の色を選ぶことができる。

マルチメディアデイジーを貸し出している公共図書館もありますが、まだ数は少ない状況です。インターネット上には、マルチメディアデイジーを無料でダウンロードできるサイトや寄贈活動をおこなっているサイトもあります。[16]

4　学校図書館での「合理的配慮」

学校図書館での合理的配慮について、野口武悟は以下の3点を例示しています。

①対面朗読（代読）の実施：視覚障がいや学習障がいの児童生徒などの求めに応じて1対1で読んであげる。
②手話の活用：聴覚障がいの児童生徒が在籍する場合、手話を取り入れた読み聞かせやストーリーテリングをしたり、1対1で手話で読んであげる対面手話などを行う。
③ニーズに応じた文字の拡大、リライト、デジタル化などの実施：「著作権法」第37条第3項の規定に基づき行う。同規定では、障がいのある児童生徒のためであれば、学校図書館は著作権者に許諾を取ることなく、当該児童生徒の希望する図書などの文字の拡大、リライト（やさしく書きなおすこと）、デジタル化などを行うことができる。[17]

聴覚障害がある児童・生徒は見えるのだから読書には支障ない、ということはなく、また生まれつきあるいは幼い頃に失明して日本手話が母語である児童・生徒もいます。[18]これらの児童・生徒が読み聞かせやストーリーテリングを楽しむためには、手話が必要です。

一人ひとりに合わせて学校図書館にはどんなことができるのか、考えていく必要があります。

5　特別支援学校や特別支援学級での読み聞かせ

東京都立図書館では、冊子「特別支援学校での読み聞かせ 都立多摩図書館の実践から[19]」を作り、ダウンロードできるようにしています。本冊子は、特別支援学校での読み聞かせについて6つの提案をしています。以下にその概略を紹介します。

1　寄り添って読む
　　子どもの気持ちに寄り添って語りかけ、寄り添って読む。
2　一部分を読む
　　子どもが興味をもつ一部分を読む。特に知識の本に効果がある。
3　ダイジェストで読む
　　ストーリーの本筋に沿って、本の持ち味を損なわないように。
4　読んだことを体験する
　　実物を添えたり、読んだことを体験したり、小学部低学年では指人形で呼びかけたり。
5　クイズをしながら読む
6　繰り返して読む

この冊子では、障害に応じた読み聞かせの留意点と、たくさんの本を紹介しています。知的障害・肢体不自由の子どもたちへの読み聞かせは、さまざまな障害、また子どもたちのさまざまな興味に対応できるように、「おはなし会にはいくつかのタイプの絵本を用意しておきます」と述べています。

聴覚障害の子どもたちへの読み聞かせは、「声、口の形、手話、指文字、ジェスチャーなどを適切に組み合わせて、子どもたちをお話の世界へと案内」することの重要性を示しています。また留意点として、「主に音の響きを楽しむ絵本は、楽しさが伝わりにくい」というポイントも教えてくれます。聴覚障害の子どもたちには、ブックトークで本の面白さを伝えることも効果的だそうです。

視覚障害の子どもたちにとって、絵本は「絵によってお話がすすむ絵本が多い」ことや子どもたちに個人差があることから、「ストーリーテリング（お話）が最適です」と述べています。

外部の「お話グループ」を招いて、定期的にお話し会を開催している特別支援学校もあります。病院への訪問指導時に本を持っていく教員もいます。本のある学校生活が、子どもたちにとってどれほど充実した楽しいものになるか、すべての子どもたちに本を届ける観点が重要だと思います。

6　特別支援学校や特別支援学級での探究的な学習

知的障害特別支援学級での探究的な学習の実践例を見ると、リーディングトラッカーやICTの利用、ワークシートの工夫、体験を通しての課題設定、学級内への資料準備など、司書教諭や学校司書の支援の下に多くの手立てが講じられています。そして、一人ひとりが自分のスタイルで探究的な学習を進められるように、「パズルであらわそう」「すごろくでしょうかいしよう」「新聞にしよう」「ポスターにしよう」などと、それぞれに応じた学習活動を設定しています。[20]

個人課題解決型の探究的な学習は、個に応じて課題を決め、調べ、まとめ、そして表現するので、一人ひとりの状況に応じた学習展開が可能です。それは、普通学級のなかでの特別な支援を要する児童・生徒に対しても同様です。いわゆる「健常児」のなかにもさまざまな能力差があるので、すべての児童・生徒を対象に、一人ひとりを大事にした個に応じた指導・支援の観点が大切です。そのためには、司書教諭も学校司書も、双方の立場からの支援が

必要です。

松戸宏予は、「通常学級に在籍する特別な支援が必要な子どもたち」への、学校司書の学習支援例を「レファレンス」「図書館利用教育」「図書の時間のパターン化」だとしています。特に、特別なニーズをもつ子どもたちに対するレファレンスの4ステップは参考になります。問いかけや声かけで、「①何を調べたいのかを明確にする」、アドバイスだけでなく「②目的に適する資料を得るために一緒に探す」、励ましの言葉をかけながら「③調べ方のヒントを提示する」、学習の意欲を引き出すよう「④やりとげるまでの声かけ」(21)です。

松戸は、「特別なニーズのある子どもたちにとって調べやすい、利用しやすい図書館はすべての子どもたちにとっても調べやすく利用しやすいということを心得ておきたい」(22)と述べています。本当にそのとおりです。

7　日本語を母語としない児童・生徒や帰国児童・生徒への支援

グローバル社会の現在、日本語を母語としない児童・生徒や、帰国児童・生徒の在籍は増えています。日本語を母語としない児童・生徒は、日本語を学ぶためにやさしい日本語の本を読むこともありますが、母国語を忘れないために母国語の本を読むことも大切です。日本語を習得するまでの間、母国語の本が読めれば読書をすることができます。

普通、学校図書館では、外国語の本は「言語」の書架に排架することが多く、大学図書館では、言語に関係なくNDC分類している大学が多いようです。日本語を母語としない児童・生徒や帰国児童・生徒が多い学校では外国語の本を別置しているところもあり、別置記号は、Y（洋書）またはG（外国語）をつけています。

さらに、別置YまたはGは、書いてある言語で分類する場合と、原作の言語で分類する場合に分かれます。前者は、中国からきた子は中国語の分類、韓国からきた子は韓国語の分類のところを見れば自国語で書かれた本と出合えます。書いてある言語によって、例えば中国語で書いた『スイミー』は洋

第10章　特別の支援を要する児童・生徒と学校図書館————143

書・中国語の別置記号 YC をつけるなどとします。原作の言語で分類する場合は、中国語、韓国語、英語で書かれている『スイミー』がすべて「Y933」または E（絵本）をつけ「YE」になります。この場合、『スイミー』は、何語で書いてあっても1カ所に集まり、日本語を母語とする児童・生徒にとっても国際理解学習に活用しやすくなります。いずれも別置なので、学校の目的に合わせて排架を研究したいところです。

8　個に応じた読書の指導

　子どもたち一人ひとりをいちばん理解しているのは担任です。担任は、学級の児童・生徒の読書状況や読書傾向をつかみ、指導する必要があります。これは個人情報云々ではなく、教育として重要なことです。学校図書館では、司書教諭や学校司書も同様に考えていいはずです。最近は、インターネット書店で本を購入すると「あなたにお薦めの本」のお知らせがありますが、「何か面白い本は、ありますか?」「お薦めの本は、何ですか?」と聞かれたとき、その児童または生徒に応じた紹介ができることは大切です。

　普通学級に在籍している児童・生徒も、幼少期からの読書経験や嗜好によって、その読書傾向はさまざまです。多読すぎて本の世界から抜け出せない子、読書傾向が偏っている子、読むのが苦手な子、読書の姿もまた、一人ひとり異なります。

　学校司書や司書教諭は、本の専門家として、読書の指南役になれるように研鑽し、個に応じた指導・支援をおこなっていくことが大切です。

注

（1）学校図書館法第2条
（2）文部科学省「特別支援学校小学部・中学部学習指導要領」第1章総則の第2節　第4の2（11）（http://www.mext.go.jp/a_menu/shotou/new-cs/youryou/tokushi/1284527.htm）［2018年2月26日アクセス］

(3) 野口武悟「特別支援学校における学校図書館の現状1 施設と経営体制を中心に」「学校図書館」2014年7月号、全国学校図書館協議会

(4) 同論文

(5) 同論文

(6) 文部科学省児童生徒課「平成28年度「学校図書館の現状に関する調査」結果について」8ページ（http://www.mext.go.jp/a_menu/shotou/dokusho/link/__icsFiles/afieldfile/2016/10/13/1378073_01.pdf）［2018年2月26日アクセス］

(7) 文部科学省児童生徒課「平成24年度「学校図書館の現状に関する調査」結果について」5ページ（http://www.mext.go.jp/a_menu/shotou/dokusho/link/__icsFiles/afieldfile/2013/05/16/1330588_1.pdf#search=%27%E5%B9%B3%E6%88%9024%E5%B9%B4%E5%BA%A6%E3%80%8C%E5%AD%A6%E6%A0%A1%E5%9B%B3%E6%9B%B8%E9%A4%A8%E3%81%AE%E7%8F%BE%E7%8A%B6%E3%81%AB%E9%96%A2%E3%81%99%E3%82%8B%E8%AA%BF%E6%9F%BB%E3%80%8D%27）［2018年2月26日アクセス］

(8) 前掲「平成28年度「学校図書館の現状に関する調査」結果について」2ページ

(9) 同資料5ページ

(10) 内閣府「平成28年4月1日から障害者差別解消法がスタートします！」（http://www8.cao.go.jp/shougai/suishin/pdf/sabekai/leaflet-p.pdf）［2018年2月26日アクセス］

(11) 野口武悟／成松一郎編著『多様性と出会う学校図書館——一人ひとりの自立を支える合理的配慮へのアプローチ』読書工房、2015年、5ページ

(12) 野口武悟「第7章学校図書館と指導・支援 第4節特別な支援を要する児童生徒への支援」、全国学校図書館協議会監修『司書教諭・学校司書のための学校図書館必携——理論と実践改訂版』所収、悠光堂、2017年、193ページ

(13) 藤澤和子／服部敦司編著『LLブックを届ける——やさしく読める本を知的障害・自閉症のある読者へ』読書工房、2009年、13ページ

(14) 同書7ページ

(15) 『マルチメディアDAISY図書わいわい文庫活用術』第2巻、伊藤忠記念財団電子図書普及事業部、2014年、冊子非売品

(16) 「伊藤忠記念財団」（http://www.itc-zaidan.or.jp/）［2018年2月26日アクセス］

(17) 前掲「特別支援学校における学校図書館の現状1 施設と経営体制を中心に」187ページ

（18）前掲『多様性と出会う学校図書館』33ページ

（19）東京都立図書館「特別支援学校での読み聞かせ　都立多摩図書館の実践から」（東京都子供読書活動推進資料）（http://www.library.metro.tokyo.jp/reference/tama_library/ya/school_support/tabid/651/Default.aspx#tokubetusien）［2018年2月26日アクセス］

（20）彦坂菜穂子「個々の学びのスタイルで取り組む探究型学習」、前掲『多様性と出会う学校図書館』所収、54—61ページ

（21）松戸宏予「通常学級に在籍する特別な支援が必要な子どもたちと学校図書館」、野口武悟編著『一人ひとりの読書を支える学校図書館——特別支援教育から見えてくるニーズとサポート』所収、読書工房、2010年、106—121ページ

（22）同論文120ページ

第11章　教職員への支援

　学校図書館の利用者は、児童・生徒と教員です。本章では、教員への授業支援、読書指導支援、学校図書館の学び方支援、そして校内研究・研修・自己研鑽への支援を取り上げます。

1　教職員への支援

　学校図書館の利用者は児童・生徒だけではなく、教員もそうです。学校図書館は、教材センターとしての機能も考えていく必要があります。教員だけではなく、主事、栄養士、スクールカウンセラーなど、教員以外の職員も利用者として考えたいところです。

　用務主事は、植物の名前や清掃のための洗剤や薬品について調べることがあります。栄養士も献立作成だけではなく、掲示物やたよりを作成するときに、資料で調べることがたくさんあります。子どもたちに薦めたい料理や、お菓子作りの本を栄養士が紹介してくれることもあります。

　教員への支援は、授業の支援、読書指導の支援、学校図書館での学び方指導の支援などが挙げられます。司書教諭は教員ですから、指導案の立案から評価まで、授業者とともに協働で授業をおこなうこともできますし、授業者を主とした補助も、また支援や指導も可能です。

　学校司書は、司書としての専門性を生かして、可能な支援を提供します。忙しい教員のなかには、「この時間、出張しますからお願いします」「職員室

で仕事があるので、お願いします」などと、授業を丸投げしてしまうような人もいるかもしれません。授業者はあくまでも教員であることを確認したうえで、可能な支援は惜しまずおこなうことが大切です。司書教諭が、学校司書と教員との連携について学校司書とも共通理解をもち、職員会議などで教員に周知を促すと支援がしやすくなるでしょう。

2　授業への支援

2-1　授業前

　教員など授業者が学習指導案を立てるのに役立つのが指導事例です。教員の授業研究に対してこれまでの指導事例を提供する、また学校司書としての専門知識をアドバイスできるところは伝えるといった具合に、学校司書は教員にどんな授業支援ができるのかを伝え、支援できることをアピールすることが利用の促進になります。ブックトークや資料準備、授業補佐によるレファレンスなど、翌月の授業支援の「おうかがい」を教員にする。あるいは、授業支援への依頼票を作成して渡したり、授業で学校図書館を活用してもらうための手立てを講じることが必要です。

　小学校では毎年異なる学年を担任する教員が多いので、初めて、または久しぶりに授業をする単元も多いはずです。過去や前年度の学校図書館活用例を伝えることも役立ちます。学校司書や司書教諭から「前年度は、こんな資料を用意して、こんな授業をしましたが、今年も資料を用意できますよ」「この単元で、学校司書がこんなふうに授業に関わりました。今年もいかがですか?」などと、声をかけるのもいいでしょう。

　教員がいちばん頼りにしているのは、資料準備です。学校図書館内で使えそうな資料を取り出してワゴンに準備したり、公共図書館から団体貸出で借りたりします。毎年利用する単元関連資料は、学校図書館で購入し、さらに必要な資料は公共図書館から借ります。パンフレットやチラシなどのファイル資料をあらかじめ収集しておき、それらを紹介することも必要です。

　異動で新しく着任した教員もいるでしょう。地域の人材や施設の紹介もで

きるよう、情報を蓄積しておきます。

調べる道しるべとしての「パスファインダー」の作成も学校図書館活用の大きな支援になります。教員に目を通してもらうと、より役に立つパスファインダーになって、有効に活用できるでしょう。

2-2　授業中

学校司書による授業中の支援は、レファレンスでの支援が中心になるでしょう。学校図書館での学び方指導、参考図書などの利用指導、読書指導などへの支援もおこないます。

国語の教科書には、単元関連図書の紹介や、巻末に推薦図書の紹介などを掲載しています。それに1、2冊を付け加えてブックトークをすると、児童・生徒が進んで本を手に取るようになります。

小学校低学年では、学校司書が集めた資料を担任などの授業者が学習の目的に合っているか、難易度は適当かなどを確認し、児童に利用させることが多くなります。発達段階から考えて、資料を教室に持ち込むことから始めるといいでしょう。

しかし、小学校中学年以上になったら、学校図書館で授業をすることを勧めたいところです。学校図書館で自ら資料を探したり、レファレンスを受けて資料を取り寄せてもらったりできるように指導し、学校司書や司書教諭が本の探し方やレファレンスの受け方を説明するなどの支援も可能です。教員が授業を進めるなかで、学校司書や司書教諭がレファレンスを中心とした授業支援をおこなうことは、児童・生徒の学習を支える重要なファクターと言えるでしょう。

ブックトラックやワゴンに集めた単元関連図書のコーナーだけでなく、百科事典や図鑑の利用もさせたいところです。学校図書館には、ほかにも求めている情報がたくさんあるはずです。児童・生徒が見つけ出した資料は、付箋を貼って単元関連図書のワゴンに戻して、そのまま保管しておいていいことにすると、次の時間に利用しやすくなります。その単元の学習が終わる頃には、最初に集めた資料の倍ぐらいになっていたりします。

第11章　教職員への支援──149

2-3 授業後

使った資料を戻す、借りた本をチェックして公共図書館に返却する、作品を学校図書館に掲示・展示するなど、授業後も支援は続きます。支援の記録や反省点、教員からの意見、準備した資料のうち活用されたもの、使われなかったもの、また公共図書館から借りた資料で、学校図書館でも購入したいものなどを記録しておくと次年度につなげることができます。

3　読書の指導への支援

小学校低学年では、「図書の時間」を設けている学校がたくさんあります。学校司書や司書教諭は、読み聞かせやブックトークなどによる授業支援のほかに、教員への児童書の紹介もしています。中学校では対象図書が児童書から一般書まで幅広く、高等学校では専門書も対象になるので選書の幅が広くなります。大変だと思いますが、本の専門家として多くの本に接して紹介してください。

資料や情報を提供するだけでなく、よき相談者として信頼されるように自己研鑽に励む必要があります。

4　学校図書館での学び方指導への支援

参考図書の使い方や資料の探し方のレクチャーは、学校図書館での学習が軌道に乗っている学校ではすでに計画しているところが多くあります。この計画のなかには、学年の発達段階に応じて指導時間を入れるよう、教員に提案するといいでしょう。教員の多くは、学校図書館での情報活用能力育成のための指導事項について教育を受けていない世代です。参考図書の活用の仕方や、NDCと本の探し方などのレクチャーを学校司書や司書教諭が代わりにおこなうことも可能です。

ある小学校で、2年生の「図鑑の目次と索引の使い方」の授業を見学しました。図鑑の使い方をどのように学ばせるかは学校司書の提案でした。

　導入とまとめは教員がおこないました。学校司書が目次と索引について説明し、グループごとにヒントカードを渡します。児童は、ヒントカードをもとに、載っていそうな図鑑をワゴンから選び、課題を解きます。写真とヒントの言葉をもとに目次を使って植物の名前を調べたり、昆虫の名前から索引を使って生息地を調べたりしました。途中、作業をやめて集中させるための指示は教員がおこなっていたので、児童は作業中でもすぐに集中します。児童が発表するときも教員が補助していました。教員が学校司書に授業を丸投げすることなく、上手に連携することが大切です。

　学校司書や司書教諭のレクチャーを聞くことで、教員も指導できる力を得ることができます。

5　校内研究・研修・自己研鑽への支援

　学校では、毎年テーマを決めて校内研究をおこなっています。研究授業の資料準備をする、関連資料を収集する、研究テーマに関連する読書活動の推進を図るなど、学校司書としてできることを支援します。校内研究は、教員だけでおこなっている学校がほとんどかもしれません。しかし、ともに教育に携わる者として、学校司書も校内研究会に参加し、分科会にも属して校内研究での役割を担っていける体制が望まれます。

　教員用図書は、児童・生徒用図書とは別予算を組んでいる学校もあります。最近は、予算がない学校が増えているようですが、中学校や高等学校では教員の教科研究費が計上されている学校もあるようです。

　学校司書は、特に学校図書館関係の資料では信頼されるレファレンスができるよう、教員への支援も追求していきましょう。

第11章　教職員への支援―――151

第12章　広報・渉外活動

　利用者と学校図書館メディアをつなぐ情報サービスの一つに「学校図書館だより」の発行などの広報活動があります。ここでは、学校図書館の利用を促すための「学校図書館だより」と学校図書館への理解を広めるためのウェブサイト活用を取り上げます。

1　学校図書館の広報

　学校図書館の広報活動は、ポスターの掲示や「学校図書館だより」、近年ではインターネット上のウェブサイト作成などが挙げられるでしょう。また、学校図書館の利用促進のための活動は、放送や集会・朝会で話をしたり、イベントを開いたり、ときには各教室を回ることもあるでしょう。

　全国学校図書館協議会は、「近年は、学校図書館からの『お知らせ』という意味合いの広報ではなく、読書活動や図書館利用・調べ学習などについて必要な情報を提供し、図書館から積極的に発信する能動的な働きかけが重要視されている」「教職員や保護者、あるいは地域社会も対象」「多様な内容のものを企画することも求められている」として、2015年8月号の機関誌「学校図書館」で「広報活動から情報発信へ」という特集を組んでいます。そのなかで、慶應義塾普通部司書教諭の庭井史絵は、「学校図書館の「広報」とは、直接的あるいは潜在的ステークホルダーを、一方的な情報発信によって説得したり啓蒙したりすることではなく、彼らのニーズを一緒になって実現

することが、結果的に学校図書館の目的と一致するよう考え、行動すること、と捉える必要がある」と述べています。ステークホルダーとは、「利害関係者」、また学校図書館の「直接の利用者である児童生徒と教職員だけではなく、保護者や地域社会、教育委員会をはじめとする行政組織、さらには教育関係者全体を指す」としています。

　図書委員会では、カウンター業務や書架整理などの当番活動だけでなく、全校の児童・生徒が頻繁に学校図書館を利用するようになるためにはどんな活動をすればいいか、どんな活動がしたいかについて考えさせると、創意工夫のあるさまざまな意見が出されます。

　本の紹介も、新着紹介や「学校図書館だより」などへの掲載、展示や掲示での紹介、教員と連携して朝や昼食の時間、授業中の数分間を使って教室に出向きお薦めの本の紹介の時間を計画する、栄養士と連携して給食に本と関連するメニューを取り入れて対象図書を紹介する、などさまざまな活動が考えられます。

　これらの活動をすべて「広報活動」ととらえ、本書で取り上げた学校図書館サービスを改めて見直し、そのうえで、さらなる情報発信の手段として「学校図書館だより」やインターネットでの情報発信を考えていきましょう。

2　「学校図書館だより」

　五十嵐絹子は、学校司書をしていた山形県鶴岡市立朝暘第一小学校時代、「読み手にとって身近な興味あることが載っていなければ、すぐに捨てられてしまいあまり読まれない」、「図書館だより」の目的は、図書館へのいざない」と考え、子どもたちや教員、保護者の図書紹介や声を載せた「読者参加型図書館だより」を作りました。そして「職員用の図書館だより」、また保護者や地域に向けた「大人の図書館だより」を別に作成し、「児童用図書館だより」は学年別にして、毎回紙面の半分は学年児童の図書紹介欄にしたそうです。

　太田敬子『作ろう！わくわく図書館だより』では、「図書館だより」は

「学校図書館と家庭をつなぐ架け橋」「図書館だより発行の目的は、学校図書館の広報活動の中心となって、学校図書館の情報を発信し、学校図書館の利用者を増やし、子どもたちを読書へ誘うことにあります」[3]と述べています。

　児童・生徒には読書や学校図書館活用への誘い、教員には読書指導や学校図書館活用の推進、保護者には家庭での読書の推進、地域には学校や学校図書館への理解と協力などが「学校図書館だより」の主たる目的になるでしょう。

　さて、「学校図書館だより」は誰が発行するべきでしょうか。家庭や地域を対象として発行するならば、「学校」からの「たより」ですから、発行責任者は学校長です。教室内掲示など校内の児童・生徒向け、あるいは教員向けでしたら、学校司書個人からのお知らせもあるかもしれません。しかし、学校図書館運営は、学校の教育計画に基づいて、学校司書や司書教諭、担当教員などによる「学校図書館部」などの名称の校内組織が中心になっておこなうのですから、校内への情報発信では「学校図書館部」「学校図書館」などが発行者になるでしょう。

　司書教諭や学校図書館担当教員が機能せず、学校図書館業務を学校司書ひとりに任せてしまっている学校では、広報も学校司書がひとりで作成している場合が多いようです。学校司書と司書教諭や学校図書館担当教員が上手に連携できている学校は、広報についても相談して発行しているようです。「図書館だより」による情報発信は、校内の読書活動や学校図書館利用の推進の一業務として、学校図書館部全体で取り組むべきです。

　東京都のある公立中学校では、学校図書館部で掲載記事を確認し合って、生徒図書委員会とも連携して、2種類の広報誌を発行しています（図6・7）。

3　ウェブサイトの活用

　近年は、多くの学校がインターネット上にサイトを開設しています。「学校だより」や給食の献立、校内研究や児童・生徒の学校生活の紹介などを掲載しています。学校図書館からの情報発信もぜひおこないたいものです。

学校のウェブサイトのなかに施設や教育活動の紹介として、学校図書館や学校図書館を活用した学習を掲載している学校は数多くあります。このような学校は、学校のウェブサイトの担当者がサイトマップや掲載事項を提案し、記事の依頼もしていると思われます。学校図書館のページは、学校司書や司書教諭・学校図書館担当教員などからなる学校図書館部が内容を決めます。学校図書館部でウェブサイト担当を学校図書館の業務分担として決めることもあると思いますが、ウェブサイト作成も学校司書と司書教諭の連携が大切です。

　高等学校や中高一貫校などでは、大学図書館のような充実した学校図書館のウェブサイトを立ち上げている学校もあります。利用案内や施設案内のほか、WEB-OPAC で蔵書検索ができたり、新着図書や推薦図書などの紹介があったり、図書委員会による情報発信など、生徒や教職員の利用と地域や保護者への情報発信の両面をふまえて運営している学校図書館のサイトは活発に利用されていることでしょう。

　インターネットでの情報発信は、古い情報を削除しながら新しい情報を加えて更新することが重要です。

4　広報と著作権、個人情報

「学校図書館だより」やインターネットでの情報発信で注意しなければならないのが、著作権と個人情報です。

　まず、「図書館だより」などに本の表紙画像を掲載する場合です。児童書四者懇談会（日本児童出版美術家連盟・日本児童文学者協会・日本児童文芸家協会・日本書籍出版協会児童書部会）による「読み聞かせ団体等による著作物の利用について」[4]には、次のように記されています。

「ブックリスト、図書館内のお知らせ、書評等に、表紙をそのまま使用する場合は、商品を明示しているものとみなされ慣行上無許諾で使用できる。ただし、ウェブサイトにのせる場合は、引用にあたる場合を除き確認が必要。表紙写真に加え、作品名・著作者名（作・文・絵・写真など）・出版社名を必

SNT図書館ニュース VOL.59 H.29.JUL

新着本がずら～っと並んだ図書館内にいると どこからともなく本たちの声が‥‥
「ワタシを読んで！」「ボクもおもしろいよ！」‥‥気になる表紙の本を手に取ってパラパラ
めくりはじめるとあっという間に本の世界に引き込まれます。夏休みには本の世界で羽をのば

ハイジ２　　ヨハンナ・シュピリー　（943 し）

主人公の女の子は、両親をなくし、アルプスの山で
おんじといっしょに自然とくらす話しです。
アルプスの大自然やおいしそうなチーズやパンに
あこがれます
最後には、クララとハイジの友情に胸が熱くなりました。
　　　　　　　　　　　　　　　　　　　　　1年D組

Re:ゼロから始める異世界生活　　長月達平　（913 な）

コンビニからの帰り道、突如異世界に召喚される菜月昴。右も左も分からない世界で、
容赦なくおそいかかる敵。異世界で初めて出会った銀がみの美少女のために戦うも
力がなく死ぬ。気付いた時にはまた最初の地点へともどっていた。死して時間を巻き戻す
唯一の能力をもとにして、大切な人たちを守るために、そして死に反抗にして、失われた命かにあったかけがえ
のない時間を取り戻すために必死に運命に抗いつづける昴の生きざまに、心をうちぬかれる。その先の
展開の分からないドキドキ感をみなさんも味わってみませんか？　1年D組

疾風ロンド　　東野圭吾　（913 ひ）

「雪山に生物兵器を埋めた。場所を教えてほしければ３億円を支
払え」と科学者である主人公に脅迫していた犯人が、ある日事故死
してしまうところから、この物語は始まります。一見ミステリーとも取れる物語で
すが、ところどころに面白いセリフが登場し、思わず笑ってしまいます。スリリング
な展開に最後まで気が抜けない一作です。　　3年D組

１％の力　　鎌田實（かまたみのる）　（914 か）

この本は、1％が人生を変えた本当にあった話を集めたものです。
100％だと思うと、動けない。しかし1％なら身も心も動き出せる。そん
な不思議な１％の力にはげまされて、ガンで倒れてしまった人やテストの点
数があがり出せない人などには あきらめないという選択があることを自覚します。
どの話も最後は涙が出てしまうようなものばかりです。　3年D組

（290 な）リヤカーマンって知ってるかい？　領土永瀬忠志

「日本人でこんなスゴイ人がいる！」驚きと興奮を覚える一冊。リヤカーを引き
つつ世界中を旅した著者の35年間の記録写真集です。「冒険スピリット」の中
で心に残った文を紹介します。"今日、何かいいことがあるかもしれない。そう信じて
朝の一歩をふみ出せ。"‥‥夏休みにぜひ！　　図書館スタッフ

HAVE A NICE VACATION

図6　学校図書館だより（中学校）

🐚 ビブリオバトル結果発表！

先日開催されたビブリオバトル、大勢の観戦者で図書館が賑わいました。手に汗握る戦いの結果、チャンプ本に選ばれたのは「銀のロバ」（3年D組　　　さんが紹介）、「嘘つきみーくん壊れたまーちゃん」（2年A組　　　さんが紹介）でした。
あなたもぜひ次のバトラーに立候補してみては？

🐚 理科部のビブリオバトル

7/18(火)の昼休みに、初「理科部員によるビブリオバトル」を開催します！
バトラーは、3年C組　　さん、3年D組　　さんの2名です。どんな本を紹介してくれるのか、興味深々ですね！どうぞ昼休みに聞きにきてください。
※合わせて館内にみなさんの夏休み自由研究のための参考資料書籍を展示します。

🐚 新着図書展示会が行われました

11、12、13日の昼休みにSNT図書館恒例の「**本の展示会**」を開催しました。
この日を楽しみにしていた人も、ふだん図書館に足を運ばない人も、机上に並べられた**356冊**に吸い寄せられる様子に「新しい本が持つ不思議な魅力」を感じました。

☆**夏休み特別貸し出しについて**★

特別貸出期間：7/14(金)の昼休みから
冊数：ひとり **5冊**まで
返却期限：8/31(木)まで

「5冊あれば長い夏休みも退屈しないよ～♪宿題や自由研究の参考資料も借りてね～♪」

※7/13(木)までに借りた本は夏休み前に一度返却処理をしてください。
夏休みも引き続き借りたい人は返却してから、再度貸出処理をしてください。

🐚 夏休み特別開館のお知らせ

夏休み期間中SNT図書館は下記の日程で開館します！ぜひ利用してください☆
※期間中お弁当、水筒に限り図書館内で飲食することができます。

日程：　**7/24(月)・25(火)・26(水)・27(木)・28(金)の5日間**
　　　　8/23(水)・24(木)の2日間、計7日間
時間：　**9時30分～16時30分まで**

「涼しくて宿題がはかどるよ～」

※保護者貸出の詳細は10日にお配りした「本校図書館図書の保護者向け貸出実施について」をご覧ください。

○○中学校　図書館通信

聞かせて先生！本のこと　9月号

第16回　　○　○　先生へのインタビュー

○○先生は今年度、数学科の教師として1年生を指導されています。

今までに感銘を受けた本を教えてください

「ハッピーバースデー」青木和雄　（913あ）

いつ読んだかはっきり思い出せないのですが、読んだ時の衝撃は覚えています。主人公あすかが、声を出せなくなり、悲しさ、苦しさにもがきながらも、最後には自分を認め、母親を許すことができるようになる過程は、読んでいてとても応援したくなりました。

いろいろ考えさせられる一冊でした。

趣味はなんですか

早朝のランニングと通勤時の読書、寝る前の足のマッサージ機が至福の時間です。

よく見るテレビ番組は何ですか

テレビはほとんど見ませんが、子供と一緒に子供向けの番組は見るようになりました。プリキュアのエンディングの踊りもほぼ踊れます。

感動した映画がありましたら教えてください

「インサイド・ヘッド」は見るたびに学び、温かい気持ちになります。

一人の少女の脳内の感情たちをメインにしたストーリーです。

いらない存在とおもわれていた「カナシミ」が本当はとても大切なものであったことに感動しました。

本校の生徒に読んでほしい本はなんですか

高校生の時に「三国志」にハマりました。登場人物が個性豊か、かつ、熱い！自分の信念を貫いて行動する人たちの世界に惹きこまれます。

「魏・蜀・呉」必ずお気に入りの国、好きな武将が見つかることでしょう。

スケールの大きさに夢中になって読めるはず！まだ読んだことのない人はチャレンジしてみてください。読んだことのある人は違う作家の異なった目線でよんでみてください。

図7　読書推進のための広報紙（中学校）

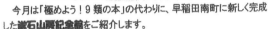

漱石山房記念館が9/24(日)にオープンしました

今月は「極めよう！9類の本」の代わりに、早稲田南町に新しく完成した**漱石山房記念館**をご紹介します。

皆さんご承知の通り、夏目漱石は近代日本文学を代表する新宿生まれの文豪です。今年生誕150年の節目にあたり、漱石が晩年の9年間を過ごした早稲田南町に、漱石にとって初の本格的な記念施設が誕生しました。

記念館の1階は、漱石と新宿の関わり、漱石の生涯、人物像の紹介に始まり、漱石山房と呼ばれた漱石の住まいの一部、書斎・客間・ベランダ式回廊が再現されています。

2階展示室には、漱石が友人たちに宛てた手紙や短冊、「吾輩は猫である」などの初版本(実はここSNT図書館にも書蔵されています！)など、漱石に関する貴重な資料が展示公開されています。

また漱石作品や関連図書を読みながらくつろげるCaféや"漱石と猫"の一筆箋などが売られているショップもあり、まさに至れり尽くせりの記念館です。

秋の一日、お散歩がてら**漱石山房記念館**に足をのばしてみませんか？きっと漱石が身近な存在になるはずです。

所在地　　早稲田南町7
開館時間　10:00～18:00
休館日　　毎週月曜日・年末年始
観覧料金　中学生100円・一般300円
Tel　　　03-3205-0209
http://soseki-museum.jp/

名作　まちがいさがし

下の絵の違いを5ヶ所見つけてください。　　「悪霊の彼方に」　菊池寛

図書館カウンターのまちがいさがしBOXの中に5つの○(答え)と名前(忘れないでね)を書いて入れてね。しおりと交換できるよ！

しめきりは 10/11(水)

挑戦してね～

ず一体表記すべき」

「表紙以外の本文画を使用する場合は、引用にあたる場合を除き著作権者の許諾を要す。著作権者へ支払いが生ずることもある」

また、全国学校図書館協議会発行の「気になる著作権 Q&A——学校図書館の活性化を図る」でも「「本の貸し出しを周知する」という目的のために表紙画像を掲載することは、許諾を得ること無く可能です」とあります。

出版者によっては表紙（カバー）画像の掲載は許諾が必要とするところもあります。インターネット上に、本の紹介なら許諾の必要なしと明示している出版社もあります。許諾が必要か否か、少しずつ出版社のリストを作成していくと便利です。

キャラクターの使用は許諾が必要です。図書委員が描いたポスターに人気のキャラクターが描いてあったので問い合わせたところ、「学校内の閉じられた空間のなかでその場所に行ったら掲示してあるぐらいなら許可するが、学校の外に向かって掲示したり家庭に配布するたよりに載せたりすることはやめていただきたい」との返事をもらったことがあります。

個人情報に関して言えば、「学校図書館だより」に名前を掲載して本の紹介や感想を載せたり、図書委員の紹介、学校図書館の風景や授業風景を掲載したりすることがあります。学校や自治体の方針に基づいて、配布する対象が限定されている紙の「図書館だより」に掲載することはそれほど問題はないと思います。ただ、インターネット上には、個人名や顔が識別できる写真は公開しないことが原則でしょう。

著作権や個人情報については、日頃からきちんと対応していきたいものです。

注

(1) 庭井史絵「狭義の「広報」から広義の「広報」へ」「学校図書館」2015年8月号、全国学校図書館協議会、14ページ

(2) 山形県鶴岡市立朝暘第一小学校編著『こうすれば子どもが育つ学校が変わる——学校図書館活用教育ハンドブック』国土社、2003年、38ページ

(3) 太田敬子『作ろう！わくわく図書館だより』全国学校図書館協議会、2017年、8ページ

(4) 日本書籍出版協会「ガイドライン 読み聞かせ著作権」（〔http://www.jbpa.or.jp/guideline/readto.html〕［2018年2月26日アクセス］）に掲載。

(5) 森田盛行『気になる著作権Q&A——学校図書館の活性化を図る』（「はじめよう学校図書館」第8巻）、全国学校図書館協議会、2013年、24ページ

第13章　公共図書館と学校図書館の連携・ネットワーク

1　公共図書館と学校図書館の連携

　図書館法第3条（図書館奉仕）には、「学校教育を援助」が挙げられ、「9 学校、博物館、公民館、研究所等と緊密に連絡し、協力すること」とあります。また、学校図書館法第4条（学校図書館の運営）には、「5　他の学校の学校図書館、図書館、博物館、公民館等と緊密に連絡し、及び協力すること」とあります。

　公共図書館と学校図書館との連携でまず挙げられるのが、公共図書館の団体貸出の利用です。団体貸出は、メールやファクスでも依頼可能で、学校まで配送するシステムが大事です。書名や著者名が特定されていなくても、主題や要望を伝えると図書館の司書が選書して配送するシステムになっているところは、団体貸出の利用が伸びています。登録者も学校名にするか学級名にするか、学校が選択できるとより利用しやすくなります。

　東京都新宿区では、学校向けの学習支援本を充実させるとともに、発達段階に応じた朝読書セットや、小学校5年生向けの「お米セット」などを作成して学校に貸し出しています。また、百科事典の指導用に児童向け百科事典を最大5セットまで同時に貸し出すシステムも作り、学校図書館にある百科事典と合わせて、1グループに1セット用意して百科事典の使い方を学習できるように支援しています。

　国際こども図書館では、世界の国々を調べる学習などに活用できる図書の

セットを貸し出しています。利用したい学期の、その前の学期が申請期間で、送料は学校負担ですが無料で借りられます。自治体を通して、文書で希望調査が学校に届いているようですが、「ホーム＞子どもの読書活動推進＞国際子ども図書館における実践＞学校図書館セット貸出し」[1]で検索することができます。

　公共図書館との連携では、お話し会やブックトークなどを依頼して図書館員に学校に来てもらったり、生活科や社会科などで図書館に見学に行ったりすることもあります。授業のなかで図書館に行って調べたり資料を借りたりしている学校もあります。

　学校は、公共図書館に支援してもらうだけでなく、図書館の催しに協力したり、児童・生徒に図書館の利用を促したり、連携の姿勢をもち続けることが大切です。図書館振興財団主催の「図書館を使った調べる学習コンクール」[2]の地域審査をおこなっている公共図書館には、学校で指導した作品や夏休みの自由研究をとりまとめて応募している学校が多いようです。

　学校の学習で児童・生徒が図書館に殺到しそうな場合は、あらかじめ図書館に知らせておかないと、詰めかける子どもたちに図書館側が困惑したり、資料の求めに応じられなくなってしまう事態も考えられます。

　また、教師が指導するべき学習内容を図書館員に依頼するのは困りものです。近年は、企業や地域の人材を招いての出前授業が学校教育に取り入れられていますが、授業者はあくまでも教師であることをふまえて、学校図書館も地域の図書館や企業・人材を活用するように支援することが重要だと考えます。

2　ネットワーク

　文部科学省は、2004年度から06年度に「学校図書館資源共有ネットワーク推進事業」を実施しました。期間終了とともに事業も終了してしまった地域が多かったなかで、千葉県市川市や埼玉県さいたま市などは、現在も学校間の資料貸借が日常的におこなわれています。

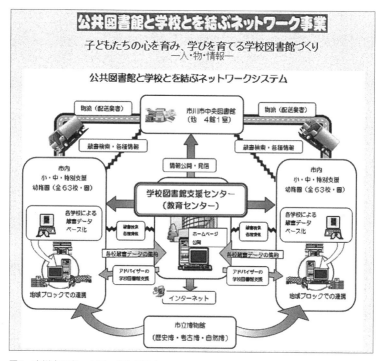

図8 市川市のネットワークシステム
(出典:市川市教育センター「公共図書館と学校とを結ぶネットワークシステム」〔http://www.ichikawa-school.ed.jp/network/top.htm〕〔2018年2月26日アクセス〕)

　市川市では、A校が資料依頼をメールで発信すると、中央図書館や資料貸出が可能な学校がそれぞれ資料を梱包して、配送します。A校では、どんな資料が届いたのかチェックをして、どこからきた資料なのかわかるように色テープを貼って、必要とする学年に渡します。返却時には、色シールをはがし、借りた学校ごとに梱包して返却します。依頼がきたときは資料が送れるかどうか判断して資料を選択し、梱包して送ります。学校司書がいるから可能な事業でしょう。
　公共図書館との連携も、学校間の連携も学校司書の選書の力が重要で、常に図書館資料にアンテナを張って研鑽することが必要です。

注

(1) 国立国会図書館国際子ども図書館「学校図書館セット貸出し」（http://www.kodomo.go.jp/promote/school/rent/index.html）［2018年2月26日アクセス］

(2) 図書館振興財団「調べる学習コンクール」（https://www.toshokan.or.jp/contest/）［2018年2月26日アクセス］参照

[著者略歴]
小川三和子（おがわ みわこ）
東京学芸大学大学院教育学研究科学校教育専攻修士課程修了
東京都公立小学校司書教諭、新宿区学校図書館アドバイザーを経て、現在は聖学院大学ほかの非常勤講師。全国学校図書館協議会参事、日本学校図書館学会理事・役員、日本子どもの本研究会会員、日本図書館情報学会会員
著書に『読書の指導と学校図書館』（青弓社）、『教科学習に活用する学校図書館——小学校・探究型学習をめざす実践事例』（全国学校図書館協議会）

学校図書館サービス論

発行————2018年4月10日　第1刷
　　　　　2023年9月22日　第3刷

定価————1800円＋税

著者————小川三和子

発行者———矢野未知生

発行所———株式会社青弓社
　　　　　〒162-0801 東京都新宿区山吹町337
　　　　　電話 03-3268-0381（代）
　　　　　http://www.seikyusha.co.jp

印刷所———三松堂

製本所———三松堂

©Miwako Ogawa, 2018
ISBN978-4-7872-0066-2　C0000

小川三和子

読書の指導と学校図書館
学校図書館学 2

読書の推進と指導の必要性を改めて理解して、その実践のために学校図書館を担う学校司書・司書教諭や各教科の担当教員と学校全体が、独自にまたは他の図書館と連携して何ができるのか、具体的にレクチャーする。定価1800円＋税

高橋恵美子

学校司書という仕事

児童・生徒が学校図書館を利用して「自分で課題を見つけて、学び、考え、主体的に判断して、問題を解決する力を育てる」ために学校司書ができること、図書館サービスの意味を詳しく紹介し、仕事の重要性をガイド定価1600円＋税

大串夏身

図書館のこれまでとこれから
経験的図書館史と図書館サービス論

地域住民に本と知識・情報を収集して提供して仕事や生活の質を向上させ創造的な社会にしていくために、図書館員一人ひとりがレファレンスの専門職として知識と技能を高めていく必要性を、40年間の経験から提言。定価2600円＋税

渡邊重夫

学校経営と学校図書館
学校図書館学 1

司書教諭や学校司書など学校図書館を担う「人」の問題、子どもの学習と読書を支える学校図書館の存在意義、敗戦直後から経済成長期を経て高度情報化した現在までの学校図書館機能の変遷をわかりやすく解説する。定価1800円＋税

渡邊重夫

学校図書館の対話力
子ども・本・自由

子どもの創造性と自主性を培い、批判的精神を育てる学校図書館。その教育的意義や歴史を再確認し、外部の力学からの独立を訴え、特定の図書の閉架や「焚書」の検証を通して、対話力を備えたあり方を提言する。定価2000円＋税